新商业十日谈

雪豹财经社　主编

SPM 南方传媒 | 广东经济出版社
·广州·

图书在版编目（CIP）数据

新商业十日谈 / 雪豹财经社主编 . —广州：广东经济出版社，2024.9
ISBN 978-7-5454-9212-5

Ⅰ . ①新… Ⅱ . ①雪… Ⅲ . ①商业模式—研究 Ⅳ . ① F71

中国国家版本馆 CIP 数据核字（2024）第 054864 号

责任编辑：周伊凌　许　璐
责任校对：李玉娴
责任技编：陆俊帆
封面设计：华夏长鸿 HUA XIA CHANG HONG

新商业十日谈
XIN SHANGYE SHI RI TAN
出版发行：广东经济出版社（广州市水荫路 11 号 11～12 楼）
印　　刷：广东虎彩云印刷有限公司
（东莞市虎门镇黄村社区厚虎路 20 号 C 幢 1 楼）

开　　本：787 毫米 ×1092 毫米　1/16　　印　　张：17.75
版　　次：2024 年 9 月第 1 版　　印　　次：2024 年 9 月第 1 次
书　　号：ISBN 978-7-5454-9212-5　　字　　数：206 千字
定　　价：68.00 元

发行电话：（020）87393830　　编辑邮箱：gdjjcbstg@163.com
广东经济出版社常年法律顾问：胡志海律师　　法务电话：（020）37603025
如发现印装质量问题，请与本社联系，本社负责调换

独角戏与独木桥

这是一本关于公司和公司人的书，也是一部“商业史记”。

许多优秀的创业者和企业家都很喜欢读历史。因为在历史长河中，隐藏着世界运行的真实规律。这些规律仍在支配着当代商业和个人生活的方方面面。可以肯定地说，我们的未来也无法逃脱这些规律的支配。难怪彼得·林奇有一种“偏见”：哲学、历史学得好的人，比统计学学得好的人更适合做投资。

作为一家新锐的商业资讯平台，我们希望自己提供的内容能够帮助读者判断一家公司以及一个行业短期、中期和长期的成长态势。雪豹财经社关注的商业领域覆盖电商、线下消费、泛文娱/游戏、在线社交/社区、消费电子、新能源汽车、前沿科技等。或者简单一点说，一切被资本和创新驱动的商业活动都是我们关注的重点。

本书是雪豹财经社的原创深度作品精选集。在绝大多数情况下，我们用冷静客观的笔触呈现事实、讲好故事；偶尔，我们也会不揣冒昧地提供一些或许并不具有广泛代表性的经验识见和个人褒贬。在这些作品中，你可以看到资本的走向、流量的迁徙、行业的暗涌，还有最重要的——人，在复杂多变的商业环境下的抉择和得失。

中国是世界上最具有发展潜力的经济大国之一，在这样一个市场，越来越多的中国企业在与全球公司的竞逐中成为翘楚。

雪豹者，雪，取其明亮而冷峻；豹，取其速度和力量。我们希望这些文章能够呈现复杂商业社会的一个个切面，并经得起时间的考量。

政治家温斯顿·丘吉尔说："你能看到多远的过去，就能看到多远的未来。"企业家安迪·格鲁夫说："要想预见今后 10 年会发生什么，就要回顾过去 10 年中发生的事情。"

希望这本书，能帮你看到未来。

黄运涛

雪豹财经社创始人

目　　录

第四章　前沿科技

第五章　访谈录

CHAPTER 1

第一章　巨头战事

权力的游戏

为什么拼多多造不出购物节？

作者｜瀚星

各个电商平台都在抢着蹭“双 11”热度，只有拼多多不走寻常路，靠大手笔砸钱补贴杀出重围。

2022 年 10 月 26 日，苹果新一代 iPad 10 正式开售，64G、Wi-Fi 版的官方售价是 3599 元，拼多多平台补贴 600 元后的价格是 2999 元，为全网最低价。拼多多凭一己之力让苹果新品“破发”，一度成为当日热门话题。

但很少有人注意到，在被淘宝和京东两大巨头占据的电商市场上撕开一道缺口、形成三足鼎立之势的拼多多，至今没能在“618”和“双 11”之外，造出属于自己的购物节。拼多多也热衷于“蹭节”，但效果并不理想。

在内缺乏基因，在外没有土壤，造不出购物节的拼多多，能否靠“百亿补贴”打遍天下？

一节难求

2022 年“双 11”，拼多多一如既往地热衷于蹭节。

10 月 20 日，拼多多率先开启年终大促，在与淘宝、京东几乎相同的满减优惠基础上，取消了预售与尾款支付，以满减和百亿补贴的方式“直给”，积极性丝毫不逊于主场作战的淘宝。

然而，从过往数据来看，拼多多并未在这种购物狂欢中获得与对手同样丰厚的回报。

据首创证券的研报，2021 年“双 11”，淘宝与京东分别完成 5403 亿元和 3491 亿元的销售额，在各自全年 GMV（商品交易总额）中分别占比 6.75% 和 10.61%。

同一年，综合多家第三方数据平台信息，“双 11”期间全网总交易额约 9650 亿元，减去淘宝与京东的 GMV，包括拼多多在内的其他电商平台合计实现交易额 756 亿元。与拼多多全年 2.44 万亿元的 GMV 相比，“双 11”的贡献比例远低于淘宝和京东。

或许正是因此，仅用 4 年多就跨过万亿 GMV 门槛的拼多多，并不愿轻易公布“双 11”期间的 GMV 数据。

2019 年“双 11”后，拼多多发表了一封公开信，信中称，人们都很关心数字和宏大的事物，但拼多多连实时数据大屏都还未来得及搭建，因此并没有更多数据对外披露。

3 年过去了，拼多多仍然对此讳莫如深。也是从那时起，拼多多开始尝试造自己的购物节。

2020 年 2 月，拼多多开启为期 3 天的百亿补贴节，主打手机、电脑、家电等品牌辨识度高的商品，靠补贴砸出全网最低价，当年最新款的 iPhone 11 补贴力度近千元。项目负责人宗辉表示，此举的目标是让消费者每天都过“618”，每晚都过“双 11”。

同年 12 月，拼多多开启“全民真香节”，针对优势品类农产品派发累计 30 亿元的购物红包。

此外，拼多多还陆续推出过农货节、“520”秒杀节、清凉节、多多亲子节、春耕节等大大小小近 10 个购物节。但花费真金白银补贴的购物节，没有一个成为像“双 11”“618”这样让众多参与者热切涌入的狂欢舞台，也没有像“快手 616”“抖音 818”这样形成一定品牌认知度的大促节点。

在各大平台争相抢占的购物节战场上，拼多多几乎成了门外人。

缺乏造节基因

2019 年，拼多多只用了 4 年多时间，便迈过了万亿 GMV 的门槛，完成了阿里花 14 年、京东花 19 年才达到的高度。

拼多多之所以能够脱颖而出，在被“猫狗”主导的牌桌上挤出一个位置，既是因为瞄准下沉市场和基于微信生态的社交裂变玩法，也是因为它在初期鲜明的差异化产品定位，与淘宝、京东截然不同。但这也意味着，拼多多缺乏造节的基因。

自成立之初，拼多多便以产地直连消费者的农产品和 M2C（生产厂家对消费者）模式的白牌产品为主。

据开源证券研报数据，2017 年，拼多多农产品交易额占 GMV 比重为 13.9%。2021 年，拼多多的农产品 GMV 较两年前增长了近 150%，增至 3400 亿元，农产品贡献的 GMV 占比达到 14%。

但农产品从来都不是购物节的主角。从淘宝和京东近年来的“双 11”和“618”战报中可以看出，美妆与 3C 家电常年霸占促销期间的销售榜前位。

一位有 7 年电商运营经验的业内人士告诉雪豹财经社，拼多多上的农产品以及大量白牌产品很难进行比价，导致消费者对于促销价格并不敏感，“这类产品并不适合做促销，能搞促销的大部分是牌子货”。而对于白牌与非标品，拼多多已经把价格做到了足够低，“相当于每天都在过节，再造节就没意义了”。

中金公司也在一份研报中称，品牌货具备大众辨识度，适合作为秒杀和热卖款，而白牌货和一些小众品牌由于不能与传统渠道进行比价，因此不如前者适合促销。

事实上，品牌正是淘宝和京东造节的基础。

2009 年，淘宝商城发起了首届“双 11”，一开始只有 27 个品牌参与。12 年后，参与 2021 年“双 11”的品牌过万，其中 GMV 破亿的品牌有 117 个，美妆品牌雅诗兰黛、欧莱雅、兰蔻的 GMV 均超过 20 亿元。

“618”的起源比“双 11”更早。2004 年，京东转型做电商的第一年，6 月 18 日被定为京东店庆日。2008 年，在第一届“618”上，京东推出了“11 元秒杀 100 元正品键盘”、品牌货一折秒杀等活动。2017 年，京东首次公布“618”战报，活动期间京东商城的 GMV 达到 1199 亿元。同一年，京东全年 GMV 首次突破万亿元。

拼多多不只缺乏造节的基因，也早已错过了电商平台造节的时代红利。

当拼多多在传统电商市场站稳脚跟，整个行业的大环境已不同于 10 年前。除了“618”和“双 11”，从年货节、3 月 8 日女神节、开学季到“双 12”，大大小小的购物节几乎铺满全年的每一个月份。前文提到的那位电商运营人告诉雪豹财经社，如今做品牌促销的活动越来越多，拼多多除了砸钱补贴外，并无优势可言。

但造节屡屡碰壁的拼多多选择不遗余力地砸钱补贴，造出了属于拼多多的购物狂欢——百亿补贴。

一线生机

百亿补贴的出现始于蹭节。

2019 年“618”期间，拼多多首次上线百亿补贴专区，主打品牌商品并喊出“假一赔十”的口号。百亿补贴主要针对 3C 及品牌商品，目的是吸引一线、二线城市高价值用户，提升平台的客单价与用户消费金额，同时吸引品牌商户入驻。

换句话说，拼多多试图通过百亿补贴，对自己进行“基因改造”。

推出百亿补贴的第一年，拼多多年活跃用户突破 5.8 亿，人均年消费金额同比增长 53% 至 1729 元。当年拼多多第三季度财报显示，拼多多百亿补贴入口的日活用户已突破 1 亿大关，参与百亿补贴活动的国内外品牌超过 2800 家。此后，百亿补贴用户规模迅速增长。

2022 年，国金证券在一份研报中分析称，百亿补贴的活跃用户规模占拼多多整体用户的比例，从 2021 年初的 12% 提升至 2022 年 5 月的 20%。

百亿补贴的成功，吸引了其他电商平台的模仿。

2019 年“双 12”，拼多多开启百亿补贴的玩法不到半年后，淘宝聚划算、京东、苏宁等平台纷纷跟进，上线“同款”专区，大量商品被打上百亿补贴的标签。

2022 年“双 11”，在“猫拼狗”3 家 App 首页，淘宝在聚划算专区中设有百亿补贴专区，拼多多设有百亿补贴的一级入口，京东则需要通过搜索百亿补贴来定位参与补贴的产品。

但热闹归热闹，百亿补贴终究不是购物节。

“双 11”和“618”就像聚集人气的集市，平台赚热闹，商家赚流量。据 2022 年淘宝与京东在“双 11”与“618”期间的招商规则，跨店满减的成本均由商家自行承担，平台无须负担过高的成本。百亿补贴则更像打价格战，需要平台真金白银地从自己口袋里掏钱，甚至有可能赔钱赚吆喝。

拼多多的财报数据显示，2019 年，上线百亿补贴第一年，拼多多的营业成本同比上涨 118% 至 63.39 亿元。次年，拼多多的营业成本再次同比增长 204% 至 192.79 亿元。

据晚点 LatePost 报道，2021 年 1 月，拼多多宣布将向入驻百亿补贴频道的商家抽佣，3 月正式施行，抽佣比例为 1%～3%。而在此前，拼多多对全站入驻商家实行 0 佣金。

此外，百亿补贴造成的“乱价”现象，也会对商家产生一定负面影响。

中信建投的一份研报认为，百亿补贴第一阶段主要补贴农产品，第二阶段则主要通过补贴 3C 和品牌商品，吸引高线城市用户和品牌商家入驻，但过度补贴可能扰乱品牌的价格体系。长期来看，品牌方在多平台的价格趋同，拼多多会逐步丧失对品牌方和消费者的吸引力。

这意味着，百亿补贴这一现象级的促销形式，很难长期持续。

在百亿补贴这项基因改造工程结束前，拼多多能否造出专属的购物节，仍是个未知数。

爱奇艺上演“饥饿游戏”：消灭伪腰部，项目“大逃杀”

作者｜青城

“故事的艺术正在衰竭。”

被誉为“编剧圣经”的《故事》一书如是写道。作者罗伯特·麦基（Robert McKee）号召欧美电影人向东方学习，因为“那儿的艺术家既有讲故事的激情，又有将其美妙讲出的手艺”。

但如今，讲不出好故事的“爱奇艺们”，陷入了更艰难的境地。然而，学会讲一个好故事，对“爱奇艺们”来说正变得越来越重要：只有一个足够好的故事，才有机会跑出来，跑到头部，跑成爆款。

阴霾如影随形，阵痛无可避免。爱奇艺面临和旗下工作室同样残酷的命运：讲不出好故事，就可能被淘汰。

项目“大逃杀”

2022 年 3 月，爱奇艺某剧集工作室制片人穆嘉（化名）突然接到通知，公司要把所有已过会的项目“重新来一遍”。

这个消息让她有些猝不及防。她和同事熬了好几个大夜修改PPT、提炼故事亮点、反复推演上会可能遇到的问题，这是团队准备最充分的一次立项会，但最终还是败走麦城。这是穆嘉自加入爱奇艺以来，第一个没有过会的提案。

在爱奇艺内部，有两个重要会议关乎项目生死：一个是剧本立项会、一个是制作立项会。

确定 IP[①] 后，各工作室的制片团队要先参加剧本立项会。过会之后，公司才会批复 IP 采购和后续剧本开发的费用。制片团队一边开发剧本，一边开始码盘，也就是谈导演、主演、摄像、服化道等项目。等剧本开发成熟，班底也基本确定，制片团队就会带着项目上制作立项会，过会后才正式进入拍摄环节。

立项会每月都会举行，北京、上海连线，爱奇艺创始人、CEO（首席执行官）龚宇和首席内容官王晓晖从不缺席。他们和各部门负责人集体投票，决定项目生死，龚宇拥有一票否决权。

过去，项目过会对工作室来说并不是一件很艰难的事情。

为了筛选出有潜力的项目，每个工作室都有自己的一套标准和流程。有的靠责编搜寻 IP，他们每天都会阅读大量小说，寻找其中适合改编并具备市场潜力的故事；有的则会从相熟的导演、编剧或影视制作公司获取情报。工作室内部达成一致后，才会把最终定下来的故事带到剧本立项会上。

但从 2021 年底开始，项目把关日益严苛，过会越来越难。

2022 年 3 月上立项会之前，穆嘉所在的工作室内部已经砍掉了若干故事情节、题材较薄弱的项目，报会的已是优中选优，但仍然没能闯过关。

就算剧本成功立项，也不意味着万事大吉，残酷的“大逃杀”

① IP 即知识产权，引申为一切可转化为产品且具有变现能力的智力财产。

才刚刚开始。

自2022年以来，两个立项会之间的阶段会越来越多，工作室须不时汇报项目进展。从剧本立项到制作立项，光繁复的流程就已经让爱奇艺剧集工作室制片人小言（化名）头疼不已。爱奇艺高级副总裁杨蓓透露，爆款剧《苍兰诀》经历了19版评估和8次剧本会。

经过年初的裁员，穆嘉和小言所在的工作室团队缩编，很多时候1个人得顶3个人。人手紧缺和资金紧缺，都是横亘在制片人面前的难题。更关键的是，如果后续环节出现问题，项目随时可能被要求终止，之前的努力付诸东流。

影视寒冬年年喊，但2022年似乎格外寒冷。

据广电总局公示，2022年前8个月共备案网络剧545部，较上年同期的839部减少294部，同比降幅35%。财报数据显示，2022年第一、第二季度，爱奇艺的内容制作成本分别为44亿元和39亿元，与2021年同期相比分别缩水了10亿元和12亿元。

2022年1月，腾讯在线视频副总裁韩志杰和优酷剧集中心总经理谢颖分别在朋友圈发文分享两个平台项目过会的惨烈“战况”：腾讯视频70余个项目最终只通过了2个；优酷年前最后一次立项会，53个剧集项目只锁了1个IP。

每一个缩水的数字背后，都是制片人之间一场惨烈的厮杀。

消灭伪腰部

制片人口中残酷的大逃杀，在首席内容官王晓晖看来，是主动的“漏斗式的选择”。一个剧本要过四五道关，被漏斗过滤掉的，大部分是 A 级及以下的项目。

爱奇艺内部对剧的评级主要有 S、A+、A、B 等几个级别。根据这几年的播出情况，决策者发现，S 级项目可遇不可求，A+ 级剧才有可能出现黑马，而 A 级和 B 级剧成为爆款的可能性微乎其微。

因此，爱奇艺要做的是“消灭伪腰部”：把 S 级、A+ 级剧做好，A 级及以下的剧基本不做。

王晓晖在 2022 年 9 月的爱奇艺悦享会上表示，降本增效首先降的是数量，首当其冲的是那些 60 分左右、可上可不上的内容；其次调的是结构，加大对于头部项目的投入力度。在他看来，对于头部项目，加码越高，吸金能力可能越强。龚宇则在多个场合强调提高内容制作水平，减少生产“不好的内容”。

“为什么不早这么做？”一位与会者听完王晓晖的解释后发问。

爱奇艺的策略转向发生在 2021 年 10 月，从追求市场份额转为追求利润。当年 10 月至 12 月中旬，也是爱奇艺乃至整个行业最艰难的一段时间——融资困难、广告承压、内容供给短缺、身陷短视频和直播的双重夹击。龚宇在 2022 年 6 月接受《经济参考报》采访时直言：“如果提前半年或一年进行策略调整，情况会比现在更好。”

对于可预见的寒冬，吹哨声一直存在。

过去几年，去浮躁、挤泡沫一直是各种影视行业论坛的主题，重视创作、重视剧本的声音也此起彼伏。但随着大量热钱涌入，保持理性并不容易。

因为“来钱容易”，不少外行人闯入影视行业，内容制作团队良莠不齐，影视剧内容泥沙俱下。长视频网站则延续跑马圈地时代的惯性，拼命上数量、抢内容，争夺市场份额第一。这意味着，边际成本被推高，但边际效益变得非常低。

穆嘉所在的工作室也生产了若干被网友视为“无效播出”的剧集。有的是人情项目，为了与某些特定的导演、编剧或演员合作，即便没那么吸引人也推动立项。有的则是制片人判断失误，选择的IP或故事在市场上并不稀缺，最终成片品质也一般。这些剧淹没在互联网内容海洋中，播了就像没播一样。

后来，客观环境发生变化，整个市场被打了一针清醒剂。王晓晖说：“尝到苦果，大家才会越来越清醒。”

被迫降本增效的爱奇艺尝到了苦果、付出了代价，也开始尝到一些痛定思痛之后的甜头。

据不完全统计，爱奇艺2022年上线的网络独播剧集中，豆瓣评分7分以上的有15部，是历年来的高点。其中，《人世间》《苍兰诀》《罚罪》3部爆款剧热度值先后破万，数量也是历年之最。云合数据显示，截至2022年11月，这3部剧在正片有效播放排行年榜中均位列前五。年榜前30中，爱奇艺独播剧占9部，腾讯视频和优酷分别有6部和3部。

作为《人世间》《苍兰诀》《罚罪》的总制片人，杨蓓在爱奇艺内部有一个外号，叫“杨四万”，因为爱奇艺4部热度值破万的剧集（另外一部是《赘婿》）均出自她之手。

爆款剧集意味着更强的引流能力。月狐数据显示，2022年第三季度，爱奇艺平均每月新增8128万用户，环比增长22.3%，在高位用户规模上仍取得高水平增长。同一时期，腾讯视频、优酷视频和搜狐视频的月平均新增用户环比负增长。

2022 年上半年的压力测试扛过去了，爱奇艺下半年的策略是“冷静增长”。但在制作周期长、不确定性极强的影视行业，打一场小规模的胜仗还远远不够。

爱奇艺 2022 年上线的项目，大部分来自几年前的储备。现阶段项目锐减后，是否会影响未来的内容供给？被寄予厚望的头部项目中，能否持续诞生爆款？摆在爱奇艺面前的未解难题还有很多。

熬过阵痛期

精打细算、优胜劣汰、降本增效，看似平淡的公司策略调整背后，藏着很多人的动荡、惶恐和无可避免的阵痛。

2021 年 12 月，大规模裁员的阴霾笼罩爱奇艺。龚宇在年会上透露，他在内部沟通软件上收到了很多点赞。他起初有些不明所以，但隔了一段时间发现，给他点赞的同事大多离开了。说到这里，他哽咽了。

为了躲避寒冬、逃避不确定性来到爱奇艺的穆嘉，再次置身于“朝不保夕”的不安全气氛中。

她在 2017 年左右加入一家头部影视公司的制片团队。彼时，行业的沉疴痼疾已经凸显，老板每次开会都会强调寒冬到来，公司要开源节流。即使是普通的基层员工，也不难嗅到危机的气息：差旅预算不断缩水，住宿标准一再降级，报销流程愈发严格，小到一笔快递费都需要领导签字。公司规定，如果制片团队拿不到平台方的预售合同，项目一律不推进。不少影视公司开始裁员，断臂求生。

因此，当爱奇艺伸出橄榄枝，穆嘉团队很快就答应了。在她的设想中，在大平台不愁没有项目做，还能接触到更多数据，离用户更近一点。但她没料到，爱奇艺也离寒冬如此近。

降本增效以来，公司的班车频次降低了。如果错过上一趟班车，穆嘉得在换乘三趟地铁之后再等十几分钟。漫长的通勤时间意味着，她一登上地铁就得开始办公。公司裁员缩编，但工作量不会减少，他们常年在剧组工作，周末无休，有时还得熬夜拍戏，也没有调休和加班补贴。

焦虑不可避免，但穆嘉尝试着与自己和解：“这就是一个优胜劣汰的过程，行业门槛在提高，这对于用心做内容的人来说，未必是一件坏事。”

公开资料显示，截至 2022 年，爱奇艺与剧集相关的工作室一共有 17 个，它们在内容领域各有侧重，承担了平台探索内容多样性的重任。比如，“小逗剧场”的剧集大多来自芝麻荚工作室，团队前身是《爱情公寓》的制片班底。爱奇艺高级副总裁、“迷雾剧场”系列总制片人戴莹旗下的几个工作室，则操盘了很多悬疑剧项目。

专业化是爱奇艺工作室的主要任务。所谓专业，一是选择项目的眼光，二是整合资源的能力，了解什么样的导演、编剧适合什么样的项目。这种专业度的养成，需要一个个项目的积累。

穆嘉还记得自己刚踏入这个行业时做的第一部剧，看到地铁上有人在看这部剧，她非常开心，甚至会默默记下看剧的人数。现在，她在地铁上已经很少关注别人的屏幕，不小心瞄到，大多数人在玩游戏、看小说或看直播。

用户的时间和注意力被不同的娱乐形式分割，“几分天下”的时代，还有没有足够的机会让“穆嘉们”升级打怪，熬过阵痛期，做出更专业、更好的内容？

没有人知道答案，就像努力挤泡沫、加码头部的爱奇艺能否做出更多爆款，也无人能预料。但至少，穆嘉在爱奇艺的各个工作室，仍能时常遇见看到好剧本、好故事就两眼放光的人。

“虽然行业艰难，但挡不住真正对内容有热情的人。”

商海浮沉

国美悲歌

作者 | 闫学功

随着黄光裕的归来，昔日在他治理下的老国美的一些旧习惯，如同幽灵般悄然复生。

业务条线日益增多，开会越来越勤，把 PPT 做漂亮是头等大事，制定目标时数字“大得惊人”，显得排场十分大。员工福利没了，考核日益严苛，公司里的气氛重新变得“沉闷、严苛、略带高压”，还有种“说不出的混沌感”。

黄光裕回归已经超过 18 个月，但国美并没有像他宣称的那样“恢复原有的市场地位”，甚至逐渐偏离轨道。

截至 2022 年 11 月，国美股价较黄光裕回归时的高点跌超 94%，维持在 0.14 港元上下。从 2021 年底至 2022 年 11 月，黄光裕和妻子杜鹃累计减持 10 余次股票，套现超 10 亿港元，几乎相当于国美当前市值的 25%，两人持股比例也从近 60% 下降至如今的 37.79%。他们口中要与公司风雨同舟的员工，则被卷入了前途莫测的湍流。

2022 年 11 月初，国美要求员工签署承诺函、暂缓领取未来半年至一年工资的消息冲上热搜，以不太体面的方式重回大众视线。早从 2022 年 1 月开始，国美员工每月都不再能按时领到足额工资。

备受期待的“救世主”回来了，却打破了国美员工最后一丝幻想。

幻想和现实间的鸿沟

黄光裕归来，包括李鑫和安然在内的国美员工，曾满心期待他能带领公司打一场漂亮的翻身仗。

2020 年 6 月，黄光裕获假释出狱的消息点燃了二级市场的信心，国美金融科技股价暴涨 60%。国美内部也开始紧锣密鼓地准备迎回旧主，当年 12 月收购打扮家 80% 的股份，次年 1 月将国美在线改名为“真快乐”。这些举动，被视为“国美零售娱乐化战略全面启动”的信号。

2021 年 2 月，黄光裕正式回归国美，并喊出了豪言壮语：“18 个月，我们恢复企业原有的市场地位。”

在国美有近 16 年司龄的李鑫看来，这句话像一剂强心针，催动着国美人的热情，“至少表面看来，大家都很忙”。在国美在线工作 5 年的安然也相信，既然杜鹃守业的表现尚可，国美在善攻的创始人的执掌下理应更上一层楼。

据李鑫回忆，那段时间整个集团都在激进扩张，每条业务线的目标都很宏大，动辄千亿起步，鹏润大厦经常有新面孔加入。安然也注意到，黄光裕归来后，国美铺设了很多新条线：“基本是什么火就做什么，从元宇宙到新能源汽车再到直播带货。”

然而，这剂强心针的药效最多持续了半年，就被高管纷纷出走的局面打破。人们不得不花更长的时间，缩小幻想和现实间的鸿沟。

随着支线增多，公司里的领导越来越多，“很多时候不知道向谁汇报，更不知道我的领导要向谁汇报”。这让安然觉得疲惫，在她眼中，现在的国美总有一种“说不出的混沌感”。

安然记得，黄光裕刚回来时，每天的会都开得很勤，开会的主题通常是高管拿着 PPT 来汇报，“数字都大得惊人，没人考虑能不能落地，只为了排场”。被国美收购 4 个月后，打扮家创始人崔健汇报了 3 年 5000 亿元 GMV 的目标。彼时，整个国美集团一年营收才 400 多亿元。

一位曾担任中层管理者的国美前员工告诉雪豹财经社，黄光裕回来后，只要是可以公开的会议，所有员工无特殊情况必须线上参与，还要用 PPT 写会后感，“从来没见过这么爱做 PPT 的企业”。中高层管理者最看重的不是业务能力，而是讨上级欢心的手段。常见方式是做各种数字惊人、制作精美的 PPT，“这些能让你的领导在高管面前露脸，你以后的日子自然会舒服一些”。

公司的管理风格也变得截然不同。杜鹃时代的安逸感消失了，取而代之的是鲜明的黄氏风格。

2005—2006 年在国美工作过的一名员工记得，黄光裕“带有一股霸气，剃个大光头，配一身西装”，他有时突然进屋，会有随行的人抢先一步进到屋内，把住四个角落，“就像港片中的大佬”。

在他眼中，那时的国美气氛沉闷、略带高压。公司专门安排了一个部门随时巡检，尤其是周六日值班时，员工随意去其他部门走动都是被禁止的。绩效考核也十分严苛，“动不动就扣钱”。他举了一个例子：如果员工离开工位时间较长但电脑没关，就会被罚款。

杜鹃执掌公司时，国美的企业文化逐渐转向互联网公司，“没有这么多事”。但黄光裕的归来，让一切仿佛回到了 14 年前。

安然认为，黄光裕给国美带来了更强的官僚气息，“他个人气场太强，往那儿一坐，所有高管都变着法子哄他开心”。

在国美金融做程序员的顾布，办公桌上只放电脑和一杯水，连笔记本都没敢放，因为桌面不整洁会被记下来、扣工资。2021 年 11 月，国美检测员工在工作日的上网流量，指责员工“摸鱼”的新闻上了热搜。

原本的福利被取消了，每个月填绩效单时，领导会明示顾布不能给自己打满分，这意味着不可能拿到足额的工资。

在国美工作的两个月，顾布总感觉有人盯着自己，平时和同事聊天也绝口不提任何跟公司有关的事情，“这在国美是心照不宣的事”。领导也经常在开会时警告他们，“不许聊公司，不许在脉脉上发任何东西”，否则轻则开除，重则起诉。

从来就没有什么救世主

黄光裕离开 11 年，但国美从未撕下过与这位传奇创始人有关的标签。

他的妻子杜鹃是国美 CEO，妹妹黄秀虹是国美电器董事长，二妹黄燕虹也在公司身居要职。就连鹏润大厦的 36 层顶层，也是黄氏家族的住所之一。

这意味着，即使时隔 10 多年，黄光裕的决策仍能相对容易地被执行。

但在李鑫看来，黄光裕似乎仍在以 10 多年前的思维治理当下的公司。“他似乎觉得什么事都能一蹴而就，想干什么砸点钱、招几个人，立马能取得大成效。”他告诉雪豹财经社，高管汇报时，黄光裕一般不怎么认真听，经常用“你就告诉我能赚多少钱”打断对方。

曾在真快乐担任线上运营的王育恒则认为，黄光裕似乎还没从属于自己的黄金时代中走出。“能看出他舍不得线下，或者说不那么懂线上。”在他看来，国美力推的真快乐有点四不像，“这么一款 App，融合了京东、抖音、淘宝和拼多多的特点，既要又要，非常乱”。

“做直播并没有请多少 KOL（关键意见领袖）造势，而是由线下门店自播。”在王育恒看来，这么做一是不专业，在流量上掀不起浪花；二是在扩大线下销售场景的同时，并未真正打通线上线下。

很快，一心想大干一场的国美被现实泼了冷水。

2021 年 7 月至 2022 年 11 月，已经有两任国美电器 CEO 出走。被黄光裕重金挖来的前百度高管向海龙，在担任国美零售副总裁、国美在线 CEO 不足一年后离开，打扮家创始人崔健和 CEO 也相继离职。

2022 年上半年，国美实现营收 121 亿元，净亏损近 30 亿元，经营现金流仅剩 5500 多万元。从 2017 年到 2022 年上半年，国美在 5 年半时间里累计亏损超 220 亿元。

持续亏损背后，国美早已债台高筑。2022 年半年报显示，国美总负债规模 585.68 亿元，其中需要在 1 年内偿还的借款有 229.02 亿元。

“没办法，国美实在是没钱了，一直在变卖资产还债。”国美员工叶迪注意到，在鹏润大厦经常有很多身穿西服的银行员工前来催还贷款，其中不乏她“从来没听说过的银行”。

刘琪在国美只待了短短3个月，就看见过数张供应商邮寄给国美的法院传票。

一位曾在国美后台岗位供职的匿名人士告诉雪豹财经社，因为国美屡次拖欠供应商货款，一些大型供应商已终止合作，导致库房内实际上已没有多少现货。经常有用户投诉，下单后两三个月都收不到货。“实际上根本没有货，有时线上只有一台冰箱，后台显示好几个客户在订。”

国美无人负责解决这种问题，在门店的一线工作人员和客服便成了公司与客户之间的缓冲带。“我们就是出气筒，客户再怎么投诉也没用，公司根本没钱订货，即使退款都需要周转很久。”

一位国美员工向雪豹财经社表示，不少在线订单的后台没货，国美会以相对便宜的价格从第三方平台订货发给客户，从中赚取差价，如果后续有售后问题，“一般都是不了了之”。

寒意很快蔓延到了每一位员工身上。

先是大幅裁员。财报数据显示，截至2022年6月末，国美员工由2021年末的32278名减少到25701名，半年内减员6577人。

紧随其后的是大规模欠薪。发工资的时间从每月15日拖到了25日，后来是隔两个月才能发一次工资，一些人直到11月还没领到8月的工资。绩效工资以各种理由被扣，就连社保和公积金的公司缴纳部分都已被停缴。

用李鑫的话说：“2022年以来就没正常发过工资。”

一个接一个部门被砍掉，越来越多的人离开。国美前员工邓涵在去仲裁的路上，特地绕行东四环，经过鹏润大厦看了一眼。这幢体积巨大的写字楼依然稳稳矗立，蓝色的玻璃幕墙在晴空下闪着光。但他知道，里面装着的那个商业帝国早已摇摇欲坠。

离别，每天上演

离开国美前的那段时间，李鑫经常在公司楼下抽烟，看着一个又一个前同事拖着行李箱或背着大书包走出大厦，在门口等车。

周围的熟人越来越少，空着的工位越来越多，很多部门在一夜之间消失。国美真快乐前员工告诉雪豹财经社，整个部门 8 月就已经没了，尽管这个部门曾在黄光裕心中有重要地位，是国美试图打通线上线下的入口。

一摞摞还工牌的签字单，让国美前员工叶迪见证了诸多离别。

签字单中有不少高管的名字，一些在国美待了 10 多年的老员工也离开了，叶迪能看出他们的不舍。有一位老员工交还工牌后，挨个拍了拍周围 6 个已经没人坐的椅子，才转身离去。

有时，离别的消息来得猝不及防。

2022 年 5 月的一个晚上，顾布正在加班，在邻座吃晚饭的领导突然收到一条微信。他放下筷子，皱着眉头盯着手机屏幕。沉默许久后叹了口气，转头问顾布："要不要转外包？"

曾辗转多个大厂的顾布很快意识到自己被裁员了："每个部门每个月都有裁员指标，我还在试用期没赔偿，所以选择了我。"他的第一反应是不能转外包，怕影响以后就业；第二反应是生气，因为当时北京各区陆续开始居家办公，根本没有公司招聘。

对顾布而言，在国美上班最刺激的时刻，就是每个月发工资的那一天。"你永远不知道什么时候发工资，甚至不知道会不会发。"

2022 年 4 月加入国美蓄水池计划（管培生）的应届生刘琪，刚一入职，国美就已经出现了缓发工资的情况，“一开始拖四五天，后来是拖 10 天”。他在 7 月离职后，比约定时间晚了 20 多天才拿到当月工资。

2022 年 1 月和 2 月，国美以位于西安的财务中心工作人员居家办公为由停发绩效工资，到 3 月才补上。以此为起点，李鑫发现自己再也没拿全过绩效工资，据说是跟部门 GMV 相关，但“没人知道是怎么算的，只知道到手被扣了不少”。

4 月，绩效和底薪的比例从二八变成了三七，有的部门是四六开，其中 15% 是半年奖。多位国美前员工和现员工向雪豹财经社表示，从 5 月开始，国美隔两个月才能发一次工资，7 月发 5 月的工资，9 月发 7 月的工资。

10 月 28 日，黄光裕的妹妹、国美电器董事长黄秀虹给全体员工发了一份承诺函，要求员工理解并承诺，在接下来半年到一年的时间内，接受公司可能延迟发放工资的行为。

“当时文件一发，大家都炸了，谁也想不到（公司）能这么理直气壮地让我们用爱发电。”邓涵告诉雪豹财经社，他所在部门的 37 位员工中，只有 1 人签了这份承诺书。“不少人都没签，董事长还因此发火，说我们根本不理解公司的难处。”

被拖欠工资和没拿到裁员补偿的国美员工们，试图以劳动仲裁的方式要回本该属于自己的钱。深夜，400 人的劳动仲裁群内还在热烈地讨论着各种相关话题。群公告是详细的仲裁流程，问询、律师解答和谩骂几乎 24 小时无休。

“一个连上帝（客户）都敢得罪的公司，还会在乎员工吗？”

有人在群里吐槽。

出路才是最重要的

劳动仲裁是一条艰苦漫长又希望渺茫的路，但他们似乎别无选择。

一些8月被裁的国美员工，截至11月还未拿到仲裁补偿，“裁员补偿的‘N+1’更是别想”。一位家在通州的国美前员工表示，国美给出的调解方案是在明年7～9月，分3批发放补偿金，“我的裁员补偿竟然能拖一年”。

比起要回被拖欠的工资，找到接下来的出路才是最重要的。

在最近一次面试中，邓涵经历了“社死”。HR（人力资源）看到他上一家供职的公司是国美时，没忍住笑了一声，随即抛出了第一个问题：“你们的承诺书真的有人签吗？有多少人签？”

面试成了HR的吃瓜现场，邓涵只能硬着头皮一一作答。他甚至觉得，对方一直在努力憋笑。

“这简直是太耻辱了！”面试结束后，邓涵发朋友圈讲述了这次经历。有类似遭遇的并非他一人。一位国美前员工告诉雪豹财经社，一位面试官被他近半年的工资流水吓了一跳，一边摇头一边说：“乱，太乱了。”邓涵现在最想做的事，就是把简历上关于国美的工作经历删掉。

刘琪声称国美给自己上了踏入社会的第一课，“真的太痛了”。刘琪离职一周前，把他招进去的HR离职了。跟他一批的实习生也已全部离职，大家平常交流时，“赶紧跑路”几个字常挂在嘴边。

经历此事后，他对职场有一种莫名的恐惧，后来在家脱产学习，决定考研。顾布则直言：“国美把我坑惨了。”赶上了互联网公司的裁员潮，他至今没有找到新工作。

群里偶尔有人提问，“是不是黄光裕的折腾，导致了国美今天的衰败？”答案五花八门，但多数人已很难对这位欠薪的老板做出正面评价。也有人认为，黄光裕早年的成功“只是时代选择了他，而非他创造了时代”，国美的现状才是他真实能力的体现。

10 月的那次减持，黄光裕以每股 0.139 港元价格减持了 2933.5 万股，套现 400 多万港元。李鑫不禁感慨：“曾经 3 次登顶福布斯富豪榜的前首富，如今也在意碎银几两。”他们猜不透黄光裕到底是怎么想的。

王育恒上一次去鹏润大厦还是被裁员的那天，他收拾东西走出楼门，抬头望向大厦顶层，据说黄光裕就住在那里。如果是站在 36 层向下看呢？他心想，100 米的距离，足以让人听不到地面上的任何声音。

（文中受访人物均为化名）

扑腾到下沉市场，瑞幸如何取悦小镇青年

作者 | 李欣彤

在拥有 7857 家[①] 咖啡店的上海，平均每 100 米就有一家咖啡店。但在 2000 公里外的黑龙江省佳木斯市，市区的咖啡馆不足 50 家，而且没有一个连锁品牌。

这是中国咖啡业态的真实写照。多年来，品牌密集地扎堆在北上广深等一线、二线城市，从不正眼看向低线市场。但如今，这一现象正在被改写：在大城市疲于“内卷”的连锁品牌，盯上了县城这块未被狩猎过的处女地。

“大庆、牡丹江、齐齐哈尔都开了五六家瑞幸，还有新店正筹备开业。”在佳木斯经营一家精品咖啡酒馆的晨光（化名）告诉雪豹财经社，从 2021 年开始，只有在大城市才能喝到的瑞幸咖啡居然开到了东北的三线、四线小城，五线城市佳木斯也即将被瑞幸渗透。

据 2021 年德勤中国发布的《中国现磨咖啡行业白皮书》，在中国一线、二线城市，咖啡渗透率已达到 67%，下沉成了品牌继续获得高增长的唯一办法。瑞幸、星巴克等纷纷放低姿态，弯腰努力触摸消费者。

但要想打动小镇青年，并没有想象中那么容易。

① 数据来源：《2022 中国咖啡消费洞察报告》。

新贵，真的贵

蓝海总是诱人的，瑞幸毫不犹豫地跳入了下沉市场。

2022 年，瑞幸咖啡宣布将启动新一轮合作伙伴招募计划，覆盖 9 省 41 座城市，如河南新乡、黑龙江大庆、山东德州等。但对于被调侃为“十八线”的三线、四线小城的加盟商而言，这位新贵的“身价”颇高。

为吸引加盟商，瑞幸喊出了“0 加盟费”的诱人口号。但事实上，瑞幸对门店面积和选址的要求很严格：店铺面积必须在 70 平方米以上，要有比较大的展示面和客座区；选址必须是城市的核心位置，比如万达购物中心或当地客流最好的商圈、步行街。

这意味着，如果真想开一家门店，加盟商的前期投入并不低。装修成本 18 万元、生产设备 20 万元和保证金 5 万元，加起来需要 43 万元左右。

“名单上的城市大多已经有两三家瑞幸门店，都是 30～40 平方米的门店。”新茶饮行业咨询师刘元告诉雪豹财经社，这些老加盟商已经抢占了小城市的核心商圈，而且门店面积更小，租金和人力成本更低。

2022 年，瑞幸再次在同一批城市开放加盟。小城市的好位置本就稀缺，再加上门店面积更大，开店的回本周期更长，“老加盟商不愿意开新店，所以瑞幸要和其他品牌抢本地投资者”。

蜜雪冰城旗下咖啡品牌幸运咖的加盟费为 1 万元 / 年，即使加上保证金、设备、物料等费用，开店的起步资金也在 20 万元左右。陆正耀的新项目库迪咖啡，根据门店大小不同，单店前期投入 16

万～30万元不等。

跟同一价格带的新茶饮兄弟们相比，加盟瑞幸的门槛仍然相对较高。

雪豹财经社对比发现，和奶茶品牌相比，瑞幸的初始投入主要贵在装修和设备费用。三线、四线城市奶茶店的面积通常是二三十平方米，装修成本为1500元/米^2，远低于瑞幸的18万元。设备方面，咖啡店的成本是连锁奶茶品牌的2～3倍。

除了前期加盟成本高昂，瑞幸还要通过为加盟店提供食材、包材来赚取收入，并从加盟商的利润中再揩一层油：若加盟商单月毛利润在2万～4万元之间，瑞幸扣点10%，4万～6万元扣20%，一直到40%封顶。

“如果没有拿下首店，加盟瑞幸或许还不如开一家奶茶店赚钱。”据刘元测算，在三线、四线城市，10～15元客单价的饮品要想单月利润达到2万元，每天至少要卖出300杯。

随着众多咖啡茶饮品牌相继下沉，加盟商已成为“稀缺物种”，而瑞幸在这场争夺战中优势并不明显。

更何况，在消费者品牌意识不那么强的下沉市场，很多经营者并不考虑加盟。对他们而言，自己单干既能避免高昂的投入成本，又不受品牌约束，可以随时调整产品甚至经营模式。

晨光在佳木斯开了一家精品咖啡酒馆，一年房租不到3万元，算上装修和购买设备、食材，初始投资8万元。他一开始只做精品咖啡，经营近一年时间差点“死掉”，后来延长营业时间，转为“日咖夜酒”，才慢慢实现盈利。

下乡求增长

翻身后的瑞幸渴望进一步增长，向下沉是顺理成章的选择。

如前述德勤中国发布的报告显示，高线城市的咖啡市场趋于饱和。相比之下，咖啡店在下沉市场的覆盖量较低，增长潜力也更大。

平安证券研报显示，截至 2022 年 7 月，瑞幸门店数量超过 7000 家，超 70% 分布在一线、二线城市，星巴克的这个数字是 87%。Tims 中国、Manner、M Stand 等头部咖啡品牌，在三线及以下城市的门店数量几乎为 0。

美团数据显示，2022 年以来，三线城市咖啡门店数增速远超一线、二线城市，咖啡外卖订单量同比增长超 200%。

相较于在日益“内卷”的高线城市一杯一杯卖咖啡，在下沉市场这片蓝海做加盟，看起来是一桩更有利可图的生意。奈雪的茶在一线、二线城市“苦哈哈”做直营，至今还在为亏损烦恼；蜜雪冰城在下沉市场靠给加盟商卖食材和包材，实现了年入百亿元。

与在一线、二线城市的直营模式不同，瑞幸在三线及以下城市大多采取加盟模式。从 2021 年第一季度到 2022 年第一季度，瑞幸的自营店同店销售增长率呈下滑趋势，从 94.5% 降至 41.6%。到 2022 年第三季度，这一数字已经降至 19.4%。

截至 2022 年 9 月底，瑞幸的 7846 家门店中，包括 5373 家自营门店和 2473 家联营门店。2022 年前三个季度，自营门店的收入增长率均保持在 50%～60% 之间，联营门店的收入增速则冲劲十足，连续三个季度超过 100%。

2022 年第三季度，瑞幸联营门店的收入达到 8.99 亿元，占总营收的份额接近 25%。其中，瑞幸给加盟店销售材料的收入为 5.76 亿元，从加盟店处分享的利润 1.45 亿元，两者增速均超过 100%。

事实上，瑞幸早已开启了下沉的步伐。平安证券研报显示，2021 年 3 月，瑞幸 67% 的新开门店集中于一线、二线城市，到 2022 年五六月，一线、二线城市与下沉市场的新开门店数量各占一半。极海品牌监测数据显示，2022 年 7 月末，瑞幸在下沉市场的门店数量约 1700 家，占门店总数的 24%。

但盯上下沉市场这片蓝海的不只瑞幸一家。

计划到 2025 年新增 3000 家门店的星巴克，直言“看重的不仅仅是全国 300 多个地级市场，也包括近 3000 个县域市场”。专注于做小镇平价咖啡的幸运咖，希望用 5 年时间复制出一个咖啡版蜜雪冰城。陆正耀的新项目库迪咖啡，靠布局下沉市场实现初期的高速扩张。

不仅如此，在下沉市场盘踞日久的“地头蛇”，还有蜜雪冰城、古茗这样的中低端茶饮品牌，它们在三线、四线、五线城市的门店总数分别为 1.2 万家和 2700 家。茶百道、CoCo 在低线城市的门店数量也和瑞幸不相上下。

从一线、二线城市“卷”到下沉市场，瑞幸想要躺赚几乎不可能。能否奋力一搏赢得小镇青年的青睐，是成败的关键。

失效的“平权”

从 2017 年瑞幸成立开始计算，不到一年的时间瑞幸就烧光 10 个亿，培养了很多人喝咖啡的习惯。它吃到了教育市场的红利，但也付出了代价。

与星巴克、COSTA、M Stand 等品牌动辄三四十元一杯的咖啡相比，瑞幸主推产品价格带在 15～20 元之间，以更亲民的价格在一线、二线城市打开了市场。

“瑞幸上市，是中国咖啡消费平权的开始。”2019 年，瑞幸创始人钱治亚在上市时宣布，瑞幸的愿景是让每个中国人都能喝到更好的咖啡。

但瑞幸想在下沉市场复制 5 年前的胜利、快速站稳脚跟，绝非易事。

“在对咖啡的需求上，高线城市和下沉市场就像是两个割裂的世界。”晨光告诉雪豹财经社，下沉市场的人对咖啡的认知十分固化，一提到咖啡，就会习惯性地觉得太苦了、喝不惯、睡不着、价格贵。这些根深蒂固的印象，阻碍咖啡向下渗透。

与一线、二线城市不同，下沉市场的年轻人大多在工厂、服务业或体制内上班，生活压力小，并不看重咖啡的提神功能。人们在咖啡店里扎堆打游戏、玩桌游，甚至辅导孩子写作业，咖啡店更多地充当了社交场合的角色。

更重要的是，曾“烧钱”换市场的瑞幸背负着盈利的压力，低价的核心优势已被荡平，“平权”的接力棒也要交予他人。

2018 年，瑞幸推广买赠活动，一杯拿铁咖啡的平均售价不足 10 元。但后来，即便算上各种优惠卡券，也很难在瑞幸买到 15 元以下的咖啡饮品，新产品定价多在 20 元左右。此外，瑞幸也不再提供免费的配送服务。

对下沉市场的价格敏感型消费者来说，一杯瑞幸的价格并不低。

“定价 10 元左右的（咖啡）最受欢迎。”新茶饮行业咨询师刘元告诉雪豹财经社，主攻下沉市场的幸运咖美式 5 元一杯，拿铁 7 元一杯，最贵的咖啡单价也不会超过 15 元。河南安阳、焦作等地的幸运咖开业时，一天能卖 1500～2000 杯，6.5 元一杯的招牌冰拿铁卖得最好。

一批拿捏“低价命门”的本地品牌，也开始在下沉市场涌现。在四川、贵州等地县城开店的爵渴咖啡，美式 4 元一杯，比幸运咖还要便宜 1 元钱。四线城市延吉的后浪咖啡，已经在本地开出 4 家连锁门店，最畅销的 SOE 美式咖啡单价不超过 10 元。

“下沉市场的竞争非常露骨，不同品牌也会把店开在一起，贴着打。”刘元表示，下沉市场的好位置只有步行街和学校，地方就这么大，暗里竞争不如明面交锋。

直饮咖啡、速溶咖啡等也成为瑞幸的竞争对手。雀巢咖啡一瓶 6 元，星巴克的即饮系列在电商平台售价 10 元。多位低线城市消费者表示，买 15 元的瑞幸不如买一瓶 10 元的星巴克即饮，因为“喝不出现磨和速溶的区别”。

一线、二线城市咖啡消费的黄金时代已经过去，下沉到县城，是瑞幸为数不多的好机会，但 15 元的瑞幸，还能靠什么打动小镇青年，击穿下沉市场的结界？

喜茶悬在半空：坐不稳高端，接不住地气

作者｜李欣彤

资本热情趋冷、市场逐渐饱和、行业竞争激烈，在这个格外寒冷的冬天，一度估值 600 亿元的喜茶从未如此迫切地需要赚钱。

2022 年 11 月，包括喜茶在内的多家新茶饮品牌对外卖平台说“不”，相继取消满减。但在多次探索下沉市场未果之后，一向坚称不开放加盟、担心因此影响“品牌势能”的喜茶，破天荒地宣布在非一线城市开放合伙制。

这是否意味着，喜茶从此可以与连年亏损的奈雪的茶划清界限，朝年赚百亿元的蜜雪冰城迈出坚实的步伐？恐怕很难。

“卷”又“卷”不动，沉又沉不下去，从一开始就被牢牢贴上高端标签的喜茶悬在半空。

奏响下沉的序曲

最风光的时候早就过去了。从门店选址到产品定价都把对手们甩在身后的喜茶，早已悄悄奏响下沉的序曲。

2020 年 4 月，风头正劲的喜茶推出子品牌喜小茶，第一次尝试探索下沉。

喜小茶价格区间定在 8～16 元，与喜茶相比更加亲民；门店选址集中在一流商圈的三流位置，面积只有 15～30 平方米；产

品 SKU（库存量单位）砍半，制作也更简单，相当于喜茶的“瘦身版”。

外界普遍猜测，喜小茶是喜茶打出的一张副牌，试图通过错位竞争和组合拳的方式从下沉市场分一杯羹。

几乎同一时间，喜茶又将目光投向瓶装饮料，先后推出气泡水、果汁茶、轻乳茶、暴柠茶等 10 余种产品，并奔赴各大主播直播间，强调价格优势和折扣力度。和动辄 30 元一杯的奶茶相比，售价 6 元左右的瓶装饮料，极大降低了消费者接触喜茶的门槛。

然而，分兵作战的效果并不尽如人意，高端标签傍身的喜茶，开始急迫地想要撕下高价的标签。

2022 年初，在新茶饮品牌涨价潮中，喜茶逆势“自降身价”，宣布年内将不再推出 29 元及以上的产品，部分产品价格下探至 15 元左右。

2022 年 11 月，喜茶标准茶饮菜单中，80% 以上的产品售价在 20 元以下，其中纯绿妍茶后、纯鸭喜香和美式无糖不到 9 元。在喜茶小程序点单界面上，喜茶专门设置了“平价推荐”的选项，28 元的经典产品则被放在了几乎最靠下的位置。

喜茶放下身段求索下沉市场，并不是一个难以理解的决定。

据艾媒咨询调研，消费者能够接受的新式茶饮价格区间中，11 ~ 20 元占比为 52%，21 ~ 30 元占比为 25%。艾瑞咨询数据显示，2021 年国内新式茶饮中高端品牌的市场份额只有 14.7%，其余部分由中低端茶饮品牌把持，单价均在 20 元以下。

这意味着，下沉市场正在成为一块诱人的新蛋糕，而喜茶未曾有机会分一杯羹。

据欧睿信息咨询公司数据，2020 年喜茶的年销售额增长率已经滑落到 18%，远不及 2019 年的 165%。喜茶的门店数量也被蜜雪冰城远远甩在身后。截至 2021 年 10 月，喜茶门店总数为 878 家。2020 年 6 月，蜜雪冰城的门店数量达到 10000 家，比 2019 年底增加了 3000 家。

要想进军下沉市场，铺设大量如毛细血管般的门店是必由之路。高端门店复制成本高，成为喜茶最大的掣肘。这也是为什么，曾宣称绝不开放加盟的喜茶终于放下执念，在非一线城市开放合伙制。

加盟喜茶，好赚钱吗？

喜茶官网信息显示，开一家喜茶加盟店的启动资金约 40 万元，包括单店合作服务费 5 万元、首次培训费用 4 万元、设备费用 15 万元、保证金 3 万元等。据雪豹财经社统计，现制茶饮行业的加盟费普遍集中在 35 万～40 万元，其中蜜雪冰城 37 万元，益禾堂、茶百道在 35 万元左右。

但看过喜茶给出的加盟样本单店模型后，有 10 年茶饮从业经验的张楠认为，开一家喜茶店的前期实际投入远不止 40 万元。

喜茶选址通常在核心商圈的顶流位置，即便是在二线城市，一年的房租也要 50 万元左右。门店面积 50 平方米左右，按照喜茶的标准装修成本每平方米 2000～3000 元。配置 8～10 名员工，每个月的人力成本至少 5 万元。开店前期还需要加盟商自己投入营销和推广成本，也需要大几万元。

除了前期投入费用不菲，喜茶在合伙人资质审核方面也比其他品牌更严苛。据喜茶官方发布的加盟流程，在进行资料审核和面试后，合伙人还需要在直营门店进行为期两个月的实习和考核，以及一个月的管理和选址类培训和考核。

喜茶开放加盟，业内人士并不感到惊讶，他们相信这是茶饮品牌的最终归宿。

“做直营一杯一杯卖奶茶，赚的是辛苦钱，做加盟能快速渗透市场，用规模压降成本、抬高估值，这是喜茶当下撬动市场和资本最强有力的支点。”一位业内人士告诉雪豹财经社。

一位茶饮行业的培训师透露，“从 2021 年初开始，喜茶的内部晋升速度明显提升，这是在为大规模拓店做准备”。茶饮门店店员到店长的晋升周期通常为 8～15 个月，喜茶将其压缩到半年时间。快速培养营运管理人才，可能是在为放开加盟后的督导一职做储备。

2020—2022 年，现制茶饮的连锁化率一路从 41.2% 增长至 55.29%。除了喜茶和奈雪的茶，大多数知名茶饮品牌采取加盟模式。但品牌吃肉，加盟商未必能喝到汤，甚至有一些论调认为，茶饮品牌开放加盟就是在割韭菜。

“只有首批加盟喜茶的人能吃到红利。”王峰是某头部茶饮品牌的安徽省区域经理。据他分析，合肥市已经有 8 家喜茶直营店，喜茶加盟只能选择地级市，但地级市通常只有一两个核心商圈，这意味着喜茶门店的数量也只能是一两个。谁先开起来，谁就有赚钱的机会。

在王峰看来，最先吃螃蟹的人一定是其他茶饮品牌的代理商。他们既有闲钱又熟悉当地市场，和商圈有资源互换，租店面的方式更加灵活。部分代理手里的店多，还能和外卖平台谈合作，把22% 的佣金谈到 15% 左右。很多茶饮品牌早期的区域经理和省级代理已在申请喜茶的加盟商资质。

王峰告诉雪豹财经社，按照 2022 年 11 月喜茶直营店的盈利模型测算，地级市首家加盟店的回本周期约一年，净利率能维持在8%～12%，“如果能拿下地级市的首店，肯定有赚头”。

但并非所有的非一线城市喜茶都能顺利入驻，强龙打不过地头蛇在餐饮市场是常见现象。

以长沙市场为例，除了蜜雪冰城、甜啦啦这两位劲敌，喜茶还要面对本土品牌茶颜悦色。雪豹财经社注意到，2022 年 6 月，长沙的喜茶已经关了 3 家门店，11 月只有 10 家店尚在营业，而茶颜悦色门店数量接近 50 家。

在下沉市场开放加盟，不少人将喜茶与蜜雪冰城对标——想通过供应链实现盈利。但在张楠看来，这条路未必能跑通。

其一，喜茶的管理半径和组织能效能否支撑其门店快速扩张，还是个未知数，存在加盟制反噬品牌的可能性。其二，定位相对高端的喜茶即使下沉，也最多下沉到三线、四线城市，不足 1000 家门店的喜茶，想像拥有 2 万家门店的蜜雪冰城一样靠卖原料盈利，道阻且长。

口号式下沉

通过下沉，喜茶想给资本市场讲述一个更丰满的新故事。但现实很骨感，沉下去的是口号和门店，沉不下去的是定位和价格。

2022 年 11 月 3 日，喜茶宣布喜小茶停止运营，并在公告中对这一举动做出解释："随着喜茶价格调整，喜小茶已经完成其历史使命。"但这个只活了不到两年的子品牌，真的替喜茶完成了对下沉市场的探索吗？

多位茶饮行业从业者表示，喜小茶这一副线品牌称不上成功，也没有完成在下沉市场破局的使命。

在微博上搜索"喜小茶"，多数网友给出的评价是"没有想象中好喝""还不如选择别的品牌"。在美团点评上，喜茶的评分在 4.5 以上，喜小茶的评分多为 3.5 左右。据 2021 年 5 月发布的《喜小茶一周年小报告》，喜小茶一年只开了 22 家门店，直到生命的终点都没能走出珠三角地区。

背后原因在于，喜小茶虽然在诸多品牌元素上沿袭喜茶，但产品类型截然不同。

喜茶的产品采用现泡茶、纯鲜奶和新鲜水果，"当家花旦"是芝士系列和鲜果茶饮。但喜小茶的产品配置和一点点、CoCo 等中端奶茶品牌相差无几，茶底只有 4 种，用纯牛奶取代鲜牛奶，用果汁取代鲜榨水果，产品分布上水果茶较少，也没有芝士奶盖等产品。

用喜茶官方的话术，喜小茶的定位是"好喝不贵且用料合格"，喜茶则"标准更高、品质更上乘"。用成本压缩的方式做喜小茶，在业内人士看来，喜茶并没有为下沉市场弯腰，而是一种"投机"：让消费者误以为只需要花十几元，就能喝到低配版的喜茶，但实际上是两种完全不同的产品。

捷径走不通，喜茶才不得不放下身段，用早期极力塑造高端形象的主品牌亲自试水。喜茶自降身价，的确足够吸睛。在微博上，有关喜茶降价的话题阅读总量已突破 1000 万。

但雪豹财经社注意到，喜茶经典单品大多不在降价的阵容内。爆款产品芝芝多肉青提在 2022 年初并未降价，后来才小幅降价 1 元。2022 年 3 月，喜茶宣布推出 9～19 元的轻松系列，并承诺将每月上新至少一款 20 元以下产品，但很多新品是在原有产品基础上的“减量减价”。

比如，经典款产品芝芝多肉青提售价 28 元，多肉青提冻的售价只要 19 元，但后者不光少了喜茶标志性的芝士奶盖，分量也由 650 毫升降至 500 毫升。如果将多肉青提冻升级为 650 毫升的 MAX 杯，再加芝士奶盖，总价格仍会上涨到 28 元。

一边是主推爆款降价扭扭捏捏，另一边是名为降价、实则减配，喜茶的“价格下沉”并没有被消费者买账，反而让其引以为傲的高端调性受到冲击。安信证券在一份研报中表示，喜茶的所谓降价，并非大幅压缩自己的利润空间，而是通过产品组合的调整让消费者形成“降价”的观感。

从研究机构公布的数据来看，喜茶并不缺价格下探的空间。据艾瑞咨询测算，茶饮行业整体平均毛利率约为 53%，喜茶毛利率在 65%～70% 之间，比同样定位高端茶饮的奈雪的茶还要高出约 5 个百分点。但依照 2022 年的情形，喜茶从未真正沉下去。

高端的品牌标签和下沉市场的红利，站在十字路口徘徊的喜茶想要鱼和熊掌兼得，难上加难。此番放手一搏、开放加盟，会有不同的结局吗？

（文中受访人物均为化名）

600 亿同城销金窟，金钱堆砌的城墙一推即倒

作者 | 瀚星

4 年累计亏损 27 亿元的同城货运“第一股”——快狗打车，上市不到一个月市值蒸发 75%，IPO（首次公开募股）募得的 6.7 亿元港币中，40% 要用于营销和补贴。

沉迷“烧钱”游戏，却迟迟讲不出新故事，快狗打车只是现阶段同城货运畸形商业模式的一个缩影。

吃不饱但也饿不死的货运司机、一边靠资本输血一边流血补贴的货运平台、坐享其成的托运人，三者在同城货运的平台上角力、摸索。在资本耗尽耐心之前，这个商业闭环的缺口能补得上吗？

谁都没捞到好处

怀揣着月入 2 万元的小目标，深圳货运司机刘冬在 2022 年 5 月初入驻快狗打车。但忙碌奔波了一个月后，他得出了结论：“在深圳，如果你有一份月薪六七千元的稳定工作，不建议你选择干同城货运这一行。”

在他看来，“这个行业还算可以，但赚的都是辛苦钱”。

快狗打车采用的模式，是基于司机服务分、与装货地点距离远近等条件进行派单。刘冬每天流水多少，全凭系统给他派了多少单、派了多大的单。

刘冬做快狗打车司机的第一个月，平均每天工作 11 个小时以上，日流水 500 元左右。为了省下每次 20 元左右的充电费，他常常在夜里 12 时到早晨 8 时这段时间给货车充电，这段时间的充电费用较低，而且不会影响到白天接单，但代价是需要早出晚归。

“新手保护期接到的单会多一些，天气、节假日等因素也会对单量造成影响，很看运气，很辛苦。”虽然一个月只休息了 2 天，但距离月入 2 万元的小目标，刘冬还有相当一段距离。

从业近两年的货拉拉司机张小军，则对同城货运平台的运营模式颇有微词。“要交会员费就不说了，还要抽成，完全是在挤压司机的利润空间。”他告诉雪豹财经社。

与快狗打车的被动派单模式不同，在同城货运领域占据 53% 市场份额的货拉拉，采用“会员费 + 司机主动抢单”的订单分配模式。司机入驻平台首先要缴纳 1000 元的押金、300 元的账号激活费，以及数百元的会员费，入驻首月的成本近 2000 元。

货拉拉的会员分为钻石、黄金、白银三档，其中钻石会员费为每月 729 元。加入会员后每日抢单的数量不设上限，且会根据不同的会员等级，收取不同比率的信息费，等级越高，费率越低。

张小军向雪豹财经社透露，2019 年，同样是每天做单无上限的货拉拉最高档超级会员，每月会员费 699 元，且不收取每单信息费。两年后，不但会员费涨价了，还额外增加了每单 5% 的信息费抽成。

此外，平台为了抢夺客源，还推出了多因素订单，根据路况、天气、供需关系等因素调整订单价格。张小军抱怨：“一个多因素订单比正常订单的运费少了 20% 左右。平台为了拉拢托运人，牺牲了司机的利益。”

吃不饱，饿不死，成为众多货运平台司机的现状。但在司机口中“吸血”的平台，并没有赚到钱。

2022 年 6 月 24 日，快狗打车登陆港交所，上市首日股价跌超 22%。截至当年 8 月 3 日，上市 27 个交易日，快狗打车股价跌了 23 天，从发行价 21.5 元一路跌至 5.18 元，跌幅约 75.9%，市值蒸发近百亿元。

连年亏损，是快狗打车不被资本市场看好的原因之一。2018—2021 年，快狗打车连续 4 年处于净亏损状态，累计亏损超过 27 亿元。快狗打车在招股书中表示，亏损将持续到 2024 年底。

比快狗打车更早登陆资本市场的货运平台“第一股”——满帮，主要经营城际货运，也有同城货运业务。2019—2021 年，满帮的年度净亏损额分别为 15.24 亿元、34.70 亿元、35.54 亿元。

在这个由托运人、司机、平台三方构成的货运市场上，做生意的平台和接单的“打工人”，谁都没捞到好处。

小生意，大代价

早在 1993 年，巴菲特就曾在致股东信中提到，缺少护城河保护的公司，应当被贴上“竞争有害健康”的标签。

同城货运平台的商业模式正是如此，既缺少施展拳脚的空间，也缺乏足够深的护城河。

据美国咨询公司弗若斯特沙利文的数据，以交易额口径统计，2021 年中国同城物流市场（不含港澳台地区）规模约为 1.32 万亿元，预计到 2026 年将增长至 2.3 万亿元，复合增长率约 11.3%。

但万亿级别的同城物流市场，线上渗透率并不高。2017 年，同城物流市场的线上渗透率为 0.6%，2021 年增长至 2.9%。此外，2021 年 1.32 万亿元的同城货运市场中，非计划性、即时性货运需求仅 3000 亿～4000 亿元。

多个同城货运司机向雪豹财经社表示，除了接收平台货运订单外，司机们私下里也会有相对固定的熟客资源，会在跑平台订单之余接一些私单。同时，行业内充斥着大量的货运中介、私人车队等，很多用户还没有养成使用线上货运平台的消费习惯。

事实上，据快狗打车招股书数据，2021 年该公司年度总交易额为 19 亿元，市场份额 3.2%。据此推算，线上货运平台抢食的市场份额，不足 600 亿元。

企查查数据显示，2013 年到 2018 年，同城货运相关企业注册量在 5 年内增长了 16 倍，达到 812 家。

随着新的玩家入局，僧多粥少的状况还将继续。

2020 年 6 月，滴滴货运正式上线，选定成都和杭州为首批试运营城市，通过对司机和托运人的高额补贴，迅速抢占两地的市场份额。上线一年左右，滴滴货运的市场份额便超过了快狗打车，将快狗打车挤下坐了近 4 年的亚军位置。

快狗打车之所以会被滴滴轻易抢走市场份额，原因在于其商业模式缺乏足够深的护城河。供需两端的黏性不足，导致玩家不得不开启“烧钱”大战。

2019—2021 年，快狗打车的毛利率均保持在 30% 以上，最高时达到 36.6%。然而高额的营销费用和补贴侵蚀了毛利润，2021

年，快狗打车的毛利润为 2.42 亿元，但同期的销售及营销费用高达 3.35 亿元，占营收的比例超过 50%。与之形成鲜明对比的是，研发费用占营收的比例仅 5.3%。

快狗打车在招股书中表示，增加销售及营销费用是为了用户的获取与留存，只有通过增加对司机和托运人的奖励，才能争取到更大的市场份额。

2021 年，快狗打车的平均抽佣率比净抽佣率高出近 10%，平均抽佣率与净抽佣率分别指代补贴前后的平台抽佣比例。据中金公司研究，同城货运平台的平均抽佣率通常在 10% 左右。由此可见，快狗打车几乎将所有的抽佣收入，以补贴的形式吐了出去。

企查查数据显示，从 2012 年算起，同城货运相关品牌产品披露融资金额超 400 亿元。其中，2021 年全年披露融资金额突破 200 亿元。

同城货运平台就像是在一片并不广阔的土地上，用金钱围起的一座座城池，金色的城墙一推即倒。

闭不上的利益闭环

消费者用钱包投票，选择性价比高的平台，司机赚不到钱也会离开。但靠资本续命、两头补贴的平台，不能无止境地亏损下去。

从商业模式上看，相比于传统的货运模式，线上平台扮演了信息服务商的角色，在托运人和司机资源之间进行匹配，并从中分一杯羹。

对货运司机来说，时间成本和油 / 电费用是主要成本。在长途货运的场景下，如果司机在到达货运地点后接不到回程订单，空跑回去的成本很高，因此对平台的信息匹配能力依赖度相对较高。但同城货运通常的应用场景是百公里之内的短途订单，平台的信息匹配对司机而言并非刚需。

一位国内知名投行的货运行业分析师向雪豹财经社表示，不同于城际货运对信息匹配的高度依赖，同城货运很难形成网络效应与规模效应，供需两端的黏性不足，司机供过于求，造成了当前司机赚不到钱、平台“烧钱”补贴抢客户的行业现状。

2018—2021 年，快狗打车的交易总额整体呈现逐年下降的态势。其中，2020 年的下降幅度最为明显，达到 22%。随后，快狗打车在 2021 年大幅提升补贴额度，同年的交易总额降幅收窄至 7%。由此可见，市场对平台补贴力度的敏感度仍然很高。

但这也意味着，一旦平台停止“烧钱”，用户便可能迅速流失。

此外，同城货运行业规模效应弱、格局相对分散的特性，导致谁都可以“插一脚”。2021 年底，美团上线货运物流业务卓鹿。2022 年 4 月，顺丰在微信小程序上线计时配，并在随后将其升级为顺丰城市配送，主要提供同城或短途城际的运货、搬家、商店配送等服务。再加上自养货运的托运企业、私人货运车队等竞争对手的存在，同城货运平台依靠资本清场、夺取市场份额的打法收效甚微。

但截至 2022 年 8 月，“烧钱”抢市场仍是行业内的主流玩法。不“烧钱”留不住用户，“烧钱”又不能快速见效。这一矛盾的处境，导致同城货运的利益闭环迟迟无法形成。

上述投行分析师告诉雪豹财经社，当前同城货运行业仍处于比较初级的阶段，在资本市场上缺少估值锚点。但相较于传统的货运模式，线上货运市场化程度更高，价格更加透明，随着行业发展日趋成熟，各方利益在未来将会达到平衡点。

从司机赚钱难、平台连年亏损的现状，发展到托运人、司机、平台“三赢”的成熟商业模式还需多久，尚无定论。但在此之前，同城货运的销金黑洞，还需要更多资本来将其填满。

（文中受访人物均为化名）

时代的眼泪

腾讯音乐对战喜马拉雅：两次错战，一场败局

作者 | 闫学功

2021 年初，腾讯音乐娱乐（深圳）有限公司（简称“TME”或“腾讯音乐”）投入数亿级别的资源在长音频业务上，对在线长音频的头部公司喜马拉雅发动了一场“全面战争”，战争持续近两年。

但自 2022 年以来，TME 的长音频业务逐渐鸣金收兵，热热闹闹地开了两年的长音频大会也销声匿迹。TME 2023 年第一季度财报中，曾经浓墨重彩对外披露的长音频业务，这次被一笔带过。

TME 偃旗息鼓，而在巨头攻势下站稳了脚跟的喜马拉雅，则是另一番光景。多位知情人士向雪豹财经社透露，喜马拉雅在 2023 年继续冲击 IPO。

曾经烽烟四起的长音频战场获得短暂的平静。但一家大公司究竟是如何主动发起争夺战，又是如何面对、接受和消化失败的，从这个故事中，或可窥见一二。

就本文涉及的若干事实和数据，雪豹财经社分别向腾讯音乐和喜马拉雅求证，截至 2023 年 6 月，两家公司均没有回应对本文置评的请求。

对标喜马拉雅

“从上到下弥漫着打仗的气息。”尽管已经过去了几年，王晓宇

依然忘不了第一天到 TME 报到的场景。办公室面积不小，但仍显得很拥挤，几张桌子横着拼起来，两侧坐满了人。

他所在的工位是一张长逾 1 米的办公桌，坐了 3 个人，桌上只能放下电脑，动作稍大就会碰到旁边同事的胳膊。所有人都在忙碌，没有人抽出哪怕一秒钟抬头看他一眼。

王晓宇瞥了一眼旁边同事的电脑，大多数人的界面停留在喜马拉雅上，还有人在迅速浏览喜马拉雅的主播列表页。主管指着桌上的一摞合同告诉他："你的任务就是把喜马拉雅的主播给我签过来。"

他很快明白了这场战役的打法：全面对标喜马拉雅。

从主播、MCN（第三方机构，为网络内容创作者管理其内容、品牌合作及商业化运营等事宜）到喜马拉雅员工，都在 TME 的雷达扫描范围内，"越接近关键岗位的人越受重视"。彼时在 TME 内部，商务和运营等岗位，都有从喜马拉雅跳槽过来的员工。

那是在 2020 年，"耳朵经济"火热，荔枝已于年初上市，喜马拉雅也开始冲击 IPO，TME 不愿意错过风口。

同年 4 月 23 日，TME 在喜马拉雅听书节当天发布了长音频战略，并推出"酷我畅听"作为先锋。时任 TME CEO 彭迦信称："长音频将是未来 TME 持续发力的战略领域。"

TME 瞄准的对手是赛道内的最大玩家——当年在长音频领域市占率达到 67% 的喜马拉雅。

喜马拉雅的数据、内容、战术，都被 TME 放在显微镜下研究。被视为音频平台重要资产的主播，更是 TME 跟进的重点。

王晓宇最重要的工作就是挖角。他会想尽办法要到喜马拉雅主播的联系方式，私信邀请对方来 TME 开播，并甩去一份早已拟好的合同。有好几个同事和他的任务一样，“有的人桌子上摞着半米高的合同”。

疯狂的“抢人”活动持续了半年多。用钱砸，这个方式简单粗暴但十分奏效。只有少数人会拒绝，认为 TME 品牌力不够，但大多数人选择拿钱换平台，喜马拉雅两名头部大主播程一和蕊希被以天价挖走。一位 TME 员工告诉雪豹财经社：“看到数字，我们也震惊了，觉得他们（程一和蕊希）可以直接退休了。”

财报显示，2020 年第二季度，TME 销售和营销费用为 5.79 亿元，占总收入的比例为 8.4%，高于上年同期的 7.1%。增长原因被归结为在推广长音频等方面的支出增加。

抢人大战大获全胜，TME 特意举办了庆功宴。一位业务部门领导带着几分醉意高举酒杯告诉众人：“记住，以后走到哪儿都要抬起头，因为你们也是手上流过上亿现金的人了。”

然而，靠金钱搭建的堡垒并不坚固。

金钱不是万能的

战争胜利了吗？ TME 员工王冰很快察觉到了不对劲，喜马拉雅并没有像想象中的那样元气大伤、伤筋动骨。

团队分析之后发现，TME 重金买下的主播以情感电台为主，这是喜马拉雅当时的招牌。但喜马拉雅恰在此时转换赛道，一方面引入播客，另一方面加强亲子内容，还一度往 K12 教育（学前教育至高中教育）方向靠拢。

“此前的创新探索业务成了战略级业务。”喜马拉雅员工贾青告诉雪豹财经社，“转换方向的原因不能完全归结于与 TME 的竞争，但这也是推动加速的因素之一。”通过承诺主播的免费节目可以随意上传到其他平台、加更付费节目、给予流量扶持等措施，喜马拉雅开始扶持新的 UGC（普通用户自发生产的内容）和 PUGC（专业用户生产的内容），不少主播、MCN 被吸引。

2020 年，喜马拉雅“123 狂欢节”消费总额破纪录地达到 10.8 亿元。当年 1~10 月，喜马拉雅“60 后”付费人数同比增长 154%，“00 后”付费人数同比增长 94%，原因被归结为“播客行业的健康发展”。据喜马拉雅发布的榜单,《故事 FM》《观詹丨詹俊电台》《杨侃丨杨毅电台》等播客播放量达到数百万甚至超千万。

而 TME 这一边，对外进攻没想象中有效，前期粗放式砸钱抢人的隐患也开始慢慢显现。

王冰发现，一些重金请来的主播开始“养老、划水”，更新频率大幅降低，有的甚至直接把以往的旧作品搬过来凑更新。

主播们则发现，除了那笔一次性“买断”的费用，来 TME 之后的流量远不如喜马拉雅。他们开始抱怨缺少曝光，后悔来 TME。还有人发现，当初在喜马拉雅不如自己的主播已经后来居上。

在程一和蕊希转到 TME 后，喜马拉雅上一位中腰部主播的商单突然多了起来，逐渐成为头部。一名喜马拉雅员工告诉雪豹财经社：“头部流失后，确实会有部分中腰部被提升为头部，但这大多是频道运营的行为，而非整个平台的有意扶持。”

王冰也很无奈，他曾经尝试在平台内部为主播寻求曝光，但大多没有下文。TME 是由 QQ 音乐和酷我、酷狗等被收购的多家平台组成，外部看似是一个整体，但内部仍各自为政，部门墙颇高，每个平台有自己的推荐逻辑和 KPI（关键绩效指标），无法兼顾所有诉求。

苦求流量曝光无果，一些主播选择直接回流喜马拉雅，一位头部悬疑有声书主播甚至开小号在喜马拉雅直播。

“TME 的问题是一直没做好主播生态，花大价钱买来的主播后续未能给到流量和曝光的扶持。”在长音频行业工作 8 年的刘威告诉雪豹财经社，“相当于花钱买了不少高档的瓦片，但只是浮在一幢没有地基的房子上。”

破壁的尝试受挫

打破内部壁垒、集中资源，是 TME 从这次失败中吸取的教训。

2021 年 4 月，腾讯老将、原 PCG（平台与内容事业群）副总裁梁柱，以 CEO 的身份接手 TME，负责 QQ 音乐、酷狗音乐、酷我音乐、全民 K 歌和长音频业务线。此时，长音频仍然是 TME 的重点项目。一位对梁柱较熟悉的内部人士告诉雪豹财经社，梁柱为人强势，有互联网产品思维，他接手 TME 后的首要任务就是“打通内部各平台壁垒”。

梁柱上任仅 8 天后，TME 将斥资 27 亿元收购的懒人听书与酷我畅听整合为懒人畅听，“持续深入布局长音频领域”。这是他“破壁”的第一步。

但有 TME 员工从一开始就不看好这项整合，“3 个平台已经很混乱了，再加上一个新成员，内部壁垒又高了”。

当年 6 月，TME 发动了自成立以来最大的组织变动，成立内容业务线和长音频业务线，前者负责内容的整体规划、战略制定和统筹管理，后者统一整合协调跨平台长音频业务的管理。这是 TME“一体两翼”战略的一部分。

TME 员工李爽爽告诉雪豹财经社，调整后的长音频业务线实际上承担了中台的职责，“协调各平台，推进长音频业务的开展”。

但受历史、地理等因素影响，TME 内部各平台仍旧各自为政。即使成立了中台，破壁融合仍然推进得非常艰难。

多位 TME 员工告诉雪豹财经社，为了拉齐进度、打通内部各平台资源，有 TME 管理层成员早期一直坚持开例会，但结果往往是“会上答应，会后杳无音信”。

作为长音频业务线的一员，李爽爽曾试图与各平台交涉，但每个平台都有自己的业务指标和推送逻辑。一位平台运营人员曾无奈地对他表示：“我得先保住自己的饭碗。”

很快，没能实现兵合一处的 TME 仓促发起了长音频赛道的第二次战役。

仓促出战，缺粮少马

2021 年下半年伊始，王冰突然发现办公区变大了，TME 将隔壁的办公室买下来并打通，“人员增长了 30%~50%”。

也是在这个时间点，完成组织架构调整的 TME 对长音频赛道发动了第二次战役。

2021 年 7 月，TME 播客创作中心推出“声浪计划 2.0”，把重心放在构建自己的长音频内容上。按照该计划，创作者上传优质原创内容（无须独家），TME 按照播放量奖励现金，万次有效播放量收益为 200 ~ 400 元。

新一轮砸钱大战开始了，只不过在王晓宇看来，这次是“想砸出一个未来，而不是砸坏对手”。

TME 在官方公众号中记录了一些主播的致富故事。生活在三线城市的主播“哀家”凭借播客，一个月最多提现 4 万多元，还给家人换了新房子。王晓宇直言：“如果没有 TME 的补贴，不可能有那么高的收入。”

但这次战役缺的恰恰是钱。

据王晓宇回忆，与盯着喜马拉雅打时相比，此时 TME 的预算大大缩水。他们仍然承担着吸引主播和 MCN 加入的任务，但“几乎没有预算”。曾经的真金白银成了一个个大饼，王晓宇只能和主播打感情牌，说自己再拉不到人就要失业了，求对方帮忙。但上一轮抢人大战中的主播出走事件时隔一年仍在发酵。“不少主播知道我是 TME 的就直言不合作了，怕买过去被雪藏。”

邀请 MCN 更难。“跟个人主播不一样，MCN 要养活旗下的主播和员工，必须先见到钱，没有钱一切都是白说。”

一家曾与 TME 接触过的 MCN 向雪豹财经社表示，2021 年 TME 曾找过他们谈广播剧、有声书的合作，但最终因预算因素作罢。“内容都是钱砸出来的，而 TME 当时这方面预算很少。”

到 2021 年底，TME 对长音频的投入进一步下降。对主播的现金扶持少了，从按播放量计算收益改为按广告点击计算，还有不少主播反映一度被拖欠工资。多个主播和 MCN 向雪豹财经社证实确有此事，“不过后续几个月都已结清”。

几乎同一时间，TME 花大价钱与笑果文化合作，推出了《脱口秀不要停》。但这部作品并未掀起风浪，已于 2022 年 5 月停更。多位知情人士称，这档节目花费了数千万元，但“质量不佳，不值这个钱”。

一位资深播客从业者指出这档节目的问题：“音质很粗糙，能听出来没用专业收音设备，环境也不是录音室。而且时长不一，短则十几分钟，长则一个小时，没有标准化。”

截至 2023 年 4 月 14 日，这档节目在 QQ 音乐上 99 集（包括花絮）的播放总量为 4554 万。作为对比，平台头部主播的单集播放量往往能高达数百万。

兵微将寡的 TME，在与喜马拉雅的第二次比拼中再次落了下风。2021 年末，两次冲击 IPO 的喜马拉雅月度活跃用户（MAU）达到 2.68 亿，远超 TME 长音频（1.5 亿 MAU）。

战争还是闹剧？

硝烟还未散尽，TME 等来的不是下一次冲锋的号角，而是高高挂起的免战牌。

这个结局，“王晓宇们”早有预感。

2020—2021 年，TME 连续两年在 4 月召开大会，发布长音频战略。2020 年是“长音频战略发布会”，2021 年是“长音频品牌升级发布会”。

2022 年，类似主题和规模的大会消失了。过去坚持日更、安排了两名专职人员运营的官方微信公众号“TME 播客时间”也开始“佛系”更新，2022 年 10 月只更新了一次，11 月开始之后的整整 7 个月时间完全停更。

2020 年和 2021 年，长音频业务多次出现在 TME 财报的“CEO 寄语”中，被两任 CEO 称为“战略级业务”。2020 年，每一次季报都会披露长音频 MAU 的渗透率（月内活跃用户数占全网长音频活跃用户数的比例）。2021 年的各季财报，会单独详细披露长音频业务 MAU 的具体数字和增长率。

但到了 2022 年，长音频业务已经很少出现在财报中。2023 年第一季度，长音频相关业务的数据已经消失在财报中。

诸多迹象表明，TME 准备以最小的代价留存长音频业务，为的是保留火种。

“从第一场发布会到现在，我都不知道 TME 想做什么。”一位 TME 的长音频从业者告诉雪豹财经社，“既没有考虑用户和生态，又没有利用车机端打出新概念。只是靠互联网丛林法则去压制对手。”在他看来，TME 最大的差异化优势是装机率一度超过 95% 的酷我车载，“如果 TME 主打车载音频场景，还算有一个明确的目标”。

持续两年多的长音频大战暂时画上一个句号——TME 黯然退到舞台边缘，喜马拉雅杀出重围。

在 2023 年 2 月 14 日的喜马拉雅创作者大会上，CEO 余建军站在“播客，我们玩个大的”的标语前致辞。曾被 TME、网易云音乐和字节跳动争抢的播客资源，成为喜马拉雅的战略方向和资产。

回顾这场长音频之战，TME 打了两次错配的战役。第一次枪口对外，但靠大笔“烧钱”没能压制对手，也没有构筑起护城河。第二次发力向内，试图构建和完善自己的内容生态，却又因内部壁垒和缺少粮草而陷入窘境。

“其实根本称不上是一场战争。”一位 TME 长音频员工评价道，“可能不过是一场闹剧。”

（文中受访人物均为化名）

CHAPTER 2

第二章　行业风云

电商

三千微尘，困在拼多多

作者｜李欣彤

短短半个月时间，拼多多商家的“炸店”群重归沉寂。“大家各忙各的，没人再提这件事儿。”曾在群里带头炸店的商家小葵有点不适应。

所谓“炸店”，是指拼多多上的部分中小商家对平台上的自营店铺、品牌店铺进行恶意下单并发起“仅退款”，甚至辱骂客服人员，以扰乱店铺正常经营秩序的行为。

在这场不对等“战争”中，小葵所在的河北邢台拼多多本地商家群贡献了不少火力，从自营店、品牌店一路“炸”到了多多买菜。不时有人在群里宣扬自己又“炸”了几单、攻击了几家品牌店。

然而，自以为拿出了致命武器的中小商家们，没能取得想要的胜利。

平台并没有明显的退让迹象，被攻击的品牌店忙着极力撇清与拼多多的关系。或多或少参与过炸店的商家们，一边应对跟风“薅羊毛”的消费者，一边继续留在这个让他们爱恨交加的平台上谋生计。

这只是巨头成长史上一个微不足道的小片段。在电商这个纷繁复杂的生态里，一边痛骂，一边赚钱，从来都是常态。

余震未息

距离炸店已经过去了一个月，跟雀巢有关的多家品牌店铺惊魂未定，极力撇清自己与拼多多的关系。

雀巢是这次炸店风波的重灾区，从官方旗舰店到即饮咖啡、奶茶咖啡、咖啡饮品等不同品类的旗舰店，再到名字中有雀巢的品牌店，都遭了中小商家们的“无差别攻击”。

直到现在，“偶尔还是会有人来炸店，大概两三天一个”，雀巢某品牌店的客服告诉雪豹财经社。与商家客服沟通，弹出的第一句话就是表明身份：并非拼多多自营，而是普通卖家。

硝烟逐渐散去，但对抗的余波仍在蔓延。

“炸店前，隔三岔五收到一个仅退款，现在一天就有三四个。”一位主营宠物用品的商家告诉雪豹财经社，她从来没有参与过炸店，但现在，连她上小学二年级的孩子都知道在拼多多上可以通过仅退款“白嫖”商家。

“他们说仅退款是真的，我只是想试试。”“听说我家狗不喜欢，就能让商家退款。”这是她最近收到的两条投诉。

炸店本是拼多多商家圈子里的事，但经过媒体传播和社交平台扩散后慢慢发酵，吸引了一些消费者跟风。

“炸店的人就好像在向消费者普及仅退款，并提供了一套完整的‘薅羊毛’指南。”上述商家告诉雪豹财经社，在一些副业群、兼职群和大学生群里，很多人把仅退款当成了“致富经”，甚至打出了“不成功不收费”的口号，按照“白嫖”商品的单价不同收取相应手续费。

作为这场风波的主角，拼多多并未做出任何公开回应，但一些敏锐的商家注意到，平台上悄然发生了一些变化。

“拼多多松口了，有的仅退款订单卖家驳回成功了。”小葵兴奋地发现，从 2023 年 4 月中旬开始，因为质量问题、物流轨迹异常等投诉并引发“仅退款”的订单，商家可以直接驳回。“拼多多没有宣布这一更新，但我切身的感受是拼多多可能意识到自己错了。”他猜测，但并非所有商家都认同这种说法。

另一个被广泛留意到的变化是，过去商家可以查看仅退款买家的地址和交易信息，但现在这些信息被隐藏了，即使查物流也没办法找到底单和买家信息。在一些商家看来，这是“拼多多故意提高卖家起诉买家的门槛”。

炸店的商家们取得了预想中的胜利吗？他们自己也很难得出一致的答案。混乱、跟风、非理性，是贯穿这场风波始终的关键词。

混乱、跟风、非理性

小葵所在的商家群，是被一张来源不明的网传截图“炸开”的。

截图内容为“致百万商家的一封信”，转发截图的群友不是群主，也很少在群里说话。有人试图追问细节：谁发起的？怎么反抗？会不会被拼多多抓到？这位群友的回答模棱两可，只是不断强调“别的群早就开始了，第一波自营店都炸完了”。

情绪很快被点燃，愤怒和谩骂开始出现。

小葵是最早跟风的人。他不断在各种群复制粘贴“宁可错杀，不可放过”之类的口号，还转发截图给关系要好的商家，想带动他们组团“攻击”。当他得知头一天拼多多的自营店“多多福利社”已被恶意攻击过，就在各种群里打探第二轮“进攻”的具体策略。

2023 年 3 月 27 日，一张炸店名单开始流传，vivo、雀巢、徐福记、高洁丝、花王等 10 多个品牌在列，名单上的品牌都遭到了“无差别攻击”。

有的老板动员全公司数十人对一家店铺发起攻击，有人炫耀自己一天就完成了数万元的仅退款目标。还有人做了总结：“只要没有‘进入店铺’入口的品牌，就都是拼多多自营。”

雀巢是小葵最先发起攻击的品牌，“仅退款”的金额近万元。有人说雀巢品牌店是拼多多负责运营的，也有人说 2022 年黄铮接受媒体采访时提到，曾给雀巢、惠氏、花王纸尿裤等品牌做过代运营商。

但后来回忆起来，小葵已经说不清楚自己攻击雀巢的原因到底是什么，“没有证据能坐实它就是拼多多的自营店”。

vivo 也是炮火攻击的重点对象。不仅因为它是带有黑牌标志的品牌商家，其创始人段永平和拼多多创始人黄峥的关系，也让它成为被最先攻击的靶子。

vivo 卖的都是高客单价商品，炸店的人也知道仅退款是完全行不通的，但他们急于为自己的不满找到宣泄的出口。“仅退款可以让 vivo 的客服、仓储物流乱成一锅粥，即便是退货退款，薅 vivo 的快递费，我们每天成群结队地这么搞，也能耗死他们。”小葵说。

但看似轰轰烈烈的炸店风波，其实只是极少数人的狂欢。

在大多数商家眼中，炸店是在和自己赖以生存的平台公然作对，风险极高。近 400 人的商家群里，只有十几个人聊得火热，不断秀出自己的炸店成果。其余大部分商家都在观望，在群里默不作声。被小葵怂恿过的朋友也比他想象中冷静得多，不仅没有参与，有的还发私信劝他别再胡闹。

即使是小葵这样狂热的参与者，也不敢让自己的真实信息在平台上留下任何痕迹。他们互相传递一份“安全须知”——一定要购买虚拟号分批量下单，收件地址千万不要留自己和家人的。

不久后，群里渐渐出现了反对的声音。

“那些仅退款的买家是没有底线的人，我们却用这样的方式突破自己的底线，把伤害转移到同胞身上。”“我们越不满拼多多，越应该团结，不能自相残杀。”越来越多群友呼吁理性维权、不要炸店。

小葵后来才知道，这场风波的开端是一个名为“拼多多商家统战群”的微信群。他问遍了身边的商家和群友，大家都只看到了流传甚广的截图，却没有人在这个群里。

也很少有人再关心炸店这件事。在这个每年有超 8 亿人下单购物的巨大市场上，人们生意照做，日子照过。

离不开的拼多多

被抱怨、不满甚至痛恨的拼多多，曾是中小商家们的致富乐园。

2015 年，淘宝天猫向上探索，流量向大品牌倾斜，难以掌握主动权的中小商家们开始迁移到拼多多，获得大把流量。轻店铺评分、做爆款单品的模式，也更适合中小商家。

但随着越来越多的品牌涌入拼多多，中小商家们的乐园开始被侵占。

2019 年，百亿补贴栏目首次被放在拼多多首页的正中间位置，这代表最具吸引力的曝光和流量入口。但拼多多要求，只有卖品牌商品的商家才有资格参与百亿补贴。

“我们不断压降成本吸引来的流量，转手被拼多多拿去贡献给品牌店。”中小商家们开始抱怨平台的不公和流量集权。他们发现拼多多也像成熟的电商平台一样，不买广告就没有流量。

多位商家向雪豹财经社反馈，近几年拼多多的付费推广模式一直在变，从“放心推”的按成交收费模式，逐渐转变为按点击量收费。现在变成了全站推广，按曝光量收费。

同时，拼多多对中小商家经营规范和服务的要求也逐渐变得更严格，仅退款只是被商家们诟病最多的一条规则。

据多位商家介绍，拼多多会在买卖双方的沟通环节强行介入，有时买家只是进行正常的售后询问，拼多多的系统客服也会主动弹出为买家提供仅退款的方案。而此时卖家已被系统自动禁言，毫无反抗之力。部分参与炸店的商家认为，平台在执行这一规则时，对中小商家和品牌商家的态度并不完全一致。

关于服务态度的罚款，也让商家在与买家交流时愈发谨慎。

“无论对方态度多不好，我都要先发三朵玫瑰花表情，抚平他的情绪。”上述卖宠物用品的商家调侃，“三朵玫瑰花承载了太多拼多多商家的卑微。”有一次她和买家一起吐槽物流，她无意说了一句“快递有病吧”，拼多多便以“服务态度有问题”为由，直接从她的账户里划走 200 元扣款。

虽然有不满、抱怨，但是中小商家们还是一如既往地留在了拼多多——这仍然是一个能给他们带来确定性和收益的平台。

“低价套路玩不转了，不买推广就拿不到自然流量，新品卖不出去，新店也开不起来。”小葵嘴上这么说，但最近还是在拼多多上开了一家新店。“直通车上每天花 3000 元左右推广，持续推 3 个月就能有不错的自然流量。”

大多数商家跟他一样，在没有新的可以替代拼多多的平台出现之前，他们还是会留下来。“淘宝回不去了，京东没有我们的容身之所，没有直播能力贸然去抖音、快手只能沦为炮灰。”

2020 年底，拼多多活跃商家数 860 万，2022 年拼多多活跃商家数已达千万，与淘系商家数量接近。

炸店风波过后，中小商家们积累许久的情绪短暂地找到了宣泄口，也意识到“闹事”难以触动平台的神经。骂过，闹过，他们最终继续留在这里赚钱。

（文中受访人物为化名）

电商最后一个风口，谁在割韭菜？

作者 | 闫学功

花 3980 元上一堂课，就能打开月入数万元的财富大门——跨境电商的风口之下，李晴被这个诱人的机会吸引了。

“这是我们的新学员，零基础做跨境电商，7 天就做了 15543 马来西亚林吉特销售额，换算成人民币就是 24632 元（按照本文发布时的汇率计算），扣除所有成本还有 35% 的净利润，净赚 8600 多元，赶紧报名，手把手教学，你也是下一个成功的创业者。”

直播间内，身着职业装的女讲师一遍一遍重复着话术，并贴出了月收入几千元到十几万元不等的店铺收益截图。他们列出的成功案例中，有“90 后”宝妈、“0 基础”的白领，还有完全不会英语的 65 岁退休老人。

李晴的耳朵和眼睛被一串串数字充斥着。她还在犹豫，直播间里的报名信息已经开始滚动。“还有 3 个名额，先到先得，名额有限，老师可教不过来这么多学生。”一旁的助教抢过话筒补充道。

李晴果断下单，抢到了最后一个名额。但一个月后，她觉得自己被割了韭菜。

黄粱一梦

交费前，训练营的讲师承诺李晴，要手把手教会她做跨境电商，从开店、选品到运营都有一对一的服务，区别“只有小赚和大赚”。

交完钱，拿到学习资料后，她很快意识到这份教材并非点石成金的秘诀，“只是一些基础的、正确的废话”。

她带着疑问去找讲师，对方甩过来一个付款链接，要求她再转账500元，用来注册店铺。“在虾皮注册的商家需要营业执照和网店流水，讲师说都可以搞定。”

钱转过去，李晴得到了一个空空的店面，讲师又是好一阵没有动静。她多次私信讲师，终于拿到了一份详尽的选品单，讲师让她照着搬运，“然后就等着出单吧，到时候我们会再手把手教你”。

“当时我还很激动，也很担心出单时不知道怎么给人发货。”李晴告诉雪豹财经社，她甚至已经开始幻想后台的余额数字从0开始向上跳动。

然而，几十件商品上架两周后，浏览量仅为个位数，出单数是0。李晴按照讲师的“策略”选品，竟然被官方封了号，理由是被举报商品侵权。

一向对讲师言听计从的李晴发了脾气，要求退还学费，对方则要求她再支付1000元，才能走“内部渠道”解封。李晴这才意识到自己可能被割了韭菜。多次要求退钱未果后，她发现已经被导师和销售人员拉黑。

再去直播间，李晴看到的仍然是讲师卖力宣讲、鼓动粉丝报名的画面，跟她报名那天没什么区别。

王颖则怀疑自己遇到了跨境电商“杀猪盘”。

她一开始在亚马逊开小店，通过一条代运营广告找到了一家机构。对方告诉她，亚马逊是红海，竞争太大，推荐她去一个名叫 Lelong shop 的平台。她特意查了一下，这是一家马来西亚的正规老牌电商公司。

随即，客服向她承诺提供开店、货源、ERP 系统、数据分析、发货等一条龙服务。

“赚钱的方式很简单，有人下单后，就向讲师提供的货源渠道打款，发货后将订单号添加到自己的店铺，就可以坐等提款了。”王颖告诉雪豹财经社，一开始拿回款很顺利，净利润至少 35%。

但随着订单越来越多，王颖垫付的货款也越多，一个月下来有 30 多万元。她告诉讲师已经没钱再进货，却被对方用“平台封号”威胁。

这时，王颖后台还有几万美元的回款被冻结，无法取出。客服告诉她，要缴纳回款金额的一半（约 4 万美元）才可以解封。王颖这才意识到自己被骗了。

她在报警后了解到，自己登录的是诈骗团队仿照 Lelong shop 制作的虚假后台，供货渠道网站、海外买家都是他们精心谋划的骗局的一部分。像她这样的受害者至少有几十人，被骗金额最多的超过百万元。

跨境电商的造富神话吸引了一波又一波淘金者，也让层出不穷的割韭菜者举起了镰刀。

天猫消费者平台统计数据显示，截至 2023 年 3 月 2 日，共有 6092 条关于跨境电商的投诉，其中绝大部分是针对跨境电商课程的投诉。

多名学员告诉雪豹财经社，跨境电商课的常见套路包括高价兜售劣质二手网课和 ERP 工具（成本几百元，售价上万元）、号称提供开店“一条龙”服务最终导致违规操作被封号、假冒境外网站和供货渠道进行诈骗等。

就像美国 19 世纪的淘金热，淘金者收获寥寥，但卖铲子的人发了大财。

谁在“割韭菜”？

“如果你知道屏幕里的讲师是一个干黄过 3 家店铺的人，你还敢交钱给他吗？”做了 5 年跨境电商的李家豪这样反问。

据他了解，大部分兜售跨境电商课程的人是这个行业的失败者。

“我认识一个公司包装的所谓金牌讲师，其实是负债累累的跨境电商老板。”李家豪告诉雪豹财经社，这位金牌讲师 A 曾在 2021 年趁着跨境电商热加入亚马逊淘金大军，由于缺乏经验屡战屡败，一年时间内关了 3 家店铺。

2022 年，前仆后继的淘金者涌入跨境电商平台，让 A 嗅到了商机。他利用原来的团队新建了公司，转卖跨境电商课程，一下就扭亏为盈。

赚快钱的方法很简单：请人录制一些基础的课程，利用信息差售卖出去，999 元一份，几乎是一本万利的买卖。学员拿到手，却发现绝大多数内容在平台官网上就能找到。

在李家豪看来，做跨境电商最好不要轻信市面上的培训机构，尤其是喊包赚口号的。“真要有独家秘籍，也是真金白银试出来的安身立命的本事，绝不可能告诉别人。”

过去 5 年来，他多次往返于义乌、珠海等各地选品，从来没有找到过所谓的成功捷径。“如果金牌讲师们做过几十家爆款店，非常赚钱，为什么要整天泡各种论坛，回答问题，发文章、视频？就为了做个好人吗？即使他告诉你独门绝学，你敢信吗？”

李家豪告诉雪豹财经社，跨境电商生意并不好做。日渐高涨的平台抽成、不菲的物流费用、暴涨的营销费用、汇率波动、地域文化不同造成的选品难，加之越来越多的中国卖家涌入，这里早就是一片“红得不能再红的海”。

张子钰曾经营一家亚马逊精品店铺，受海外买家热度降低、运营成本高企等因素影响，她的店铺净利润已经腰斩。“亚马逊一年调高了好几次费率，真的没啥利润可言了。”

2022 年下半年，张子钰开始将重心转向卖课。“主要是代人注册和帮助提供选品、供货策略。”经营这间店铺的主要目的，逐渐变为给教学提供素材。

曾在一家跨境电商培训机构工作过的罗然向雪豹财经社直言，他们的目标就是捕捉狂热的淘金者，赚他们的钱。

她所在的公司内部分为两个组。一个是销售组，主要负责“精修”话术，“用夸张的言辞、大额的金钱数字刺激人们的神经”，再配合一张张带有后台回款余额的照片，诱惑用户下单买课。

另一个是技术组，主要负责寻找、制作电商平台一键抓取工具。这些工具能简单粗暴地抓取、收录和复制其他商家的商品信息，并一键上架，但弊端也很大，技术组的这种做法往往会被平台判定为侵权，经常导致学员被封号。用户发现账号被封后，这些机构要么直接消失，要么让用户再交一笔“解封费用”。

两手空空

跨境电商到底好不好做，局外人看的是热闹，局内人品的是冷暖滋味。

网经社发布的一份报告显示，2022 年中国跨境电商融资总额 62 亿元，同比下降 70.15%，仅为 2021 年融资总额的三成，创 5 年来最低。

亚马逊的财报被视为跨境电商生意的风向标。2022 年亚马逊营收 5140 亿美元，同比增长 9.4%，创公司上市以来的最低增速。其中与跨境电商玩家最相关的第三方服务收入增速下降明显，从 2020 年的 49.6% 增速骤降至 2022 年的 13.9%。

孱弱的增速还是出现在亚马逊多次提高第三方卖家服务费用的背景下，2022 年亚马逊提高了商户广告和物流费用，此外还缩减了商户的海外仓储空间。

与 2020 年相比，2022 年的 FBA（亚马逊提供的仓储配送服务）小件配送成本提高了近 30%。“小企业盈利越来越难，因为他们花在亚马逊服务上的钱越来越多。”海外电商研究机构 Marketplace Pulse 称。

从宏观来看，不单是跨境电商中的主流欧美市场已是红海一片，全球电商增速也都在放缓。

eMarketer 数据显示，2022 年全球电商销售额同比增长 9.6%，增速为近 12 年来最低。

而不愿放弃跨境电商的李家豪则试图在一片红海中寻找蓝海，他将目光聚焦到了东南亚。

近年来东南亚零售电商增长领跑全球，谷歌、淡马锡与贝恩联合发布的一份报告显示，2017—2022 年，东南亚电商 GMV 从 109 亿美元增长至 1310 亿美元，年复合增长率 64%。

但这里也没有俯仰皆是的金矿。在 Shopee、Lazada 两大头部玩家和 TikTok、Facebook 等内容电商平台的激烈拼抢中，东南亚电商的增长逐渐放缓。

国信证券的一份研报显示，2022 年东南亚电商 GMV 同比增长 17% 至 1310 亿美元，增速远低于 2020 年的 31% 和 2021 年的 50%。从 2023 年 1 月起，京东陆续撤出泰国、印度尼西亚市场，东南亚头部电商玩家 Shopee 也开启了大裁员。

离开跨境电商培训公司的罗然想找一份新工作，但面试了几家公司，大多是邀请她去当讲师。她觉得自己已经没有很好地调动他人情绪的能力，选择了拒绝。

李晴在懊恼之余，开始准备重新学习跨境电商知识。这次她没有再去网上买课，而是准备进入一家正规的跨境电商公司，边干边学。

100 多年前的美国，狂热的淘金者一路艰辛，但大多两手空空。最先发现金矿的萨特最终破产，而卖铁锹的布瑞南成了加州首富，卖牛仔裤的李维·施特劳斯也成了亿万富翁。

王颖觉得自己比当年的淘金者更苦，“他们最终好歹还剩下一把锋利的铁锹和一条耐磨的牛仔裤，而我两手空空”。

（文中受访人物均为化名）

10 年烧光 1300 亿元，垂直电商终将走进历史尘埃

作者｜瀚星

九死一生的垂直电商行业再也容不下小而美的梦想，商家们只能相互推搡着走上扩张的独木桥。

2022 年 7 月，母婴商城蜜芽在官网发布公告称，随着用户购物习惯的改变，公司决定将于 2022 年 9 月 10 日停止蜜芽 App 的服务并关停下架。

以蜜芽为代表的母婴电商走向没落的宿命，只是整个垂直电商由盛转衰的一个缩影。国内垂直电商兴起于 2010 年前后。10 多年间，投融资事件广泛分布在生鲜电商、医药电商、母婴电商、酒类电商、宠物电商和鲜花电商等诸多垂直领域。

但这么多年下来，“烧光”至少 1300 亿元后，鲜有玩家能够躲过步入沉寂的宿命。

在赢者通吃的市场格局下，垂直电商平台挣扎求存，艰难转型。走向综合类电商是垂直电商平台唯一的出路，而这条道路凶险异常：在阿里巴巴、京东和拼多多三强格局基本确立后，国内再无一家垂直电商平台成功突围。

小而不美

属于“猫拼狗”三巨头的舞台，并没有多少空间留给小而美的

垂直电商平台。

2021年，以GMV口径计算，淘系、京东、拼多多三巨头的市场份额分别是53%、20%、15%，留给边缘玩家的空间很小。

从资本的聚光灯下，到暗淡的舞台一角，蜜芽走了8年，也见证了垂直电商的由盛转衰。

2011年，从外企离职一年的刘楠当起了全职妈妈。彼时的中国刚刚经历了三鹿奶粉事件，消费者对国产母婴产品的信任度降至冰点，刚当上妈妈的刘楠也将目光放到了进口婴儿用品上。

在海淘的过程中，刘楠嗅到了母婴产品代购的商机，于是在2011年11月创立了名叫“蜜芽宝贝”的淘宝小店。2013年，蜜芽宝贝获得真格基金、险峰华兴的A轮融资，并在随后的B轮、C轮获得超过8000万美元的融资。

2014年，蜜芽B2C（企业直接面向消费者提供商品或服务）网站正式上线，以跨境母婴垂直电商的身份切入互联网零售赛道，开启了一段资本宠儿的旅程。2014—2016年，蜜芽先后获得五轮融资，累计金额约20亿元人民币，其中的1.5亿美元D轮融资，创下母婴电商单笔最大融资纪录，由百度领投，跟投方包括红杉资本、H capital等机构，估值接近10亿美元。

但资本的狂欢在2016年戛然而止，E轮融资过后蜜芽再无新的扩张动作。2017年投身社交电商，玩起流量拉新的蜜芽甚至一度陷入传销质疑，2020年线下自营门店陆续关停。4年时间迅速泯然众人的蜜芽没能等到东山再起的一刻。2022年7月，蜜芽发布公告称，其App将于9月10日正式停止服务并关停下架。

事实上，在蜜芽最风光的那几年，母婴垂直电商的赛道上已挤满了玩家，它们各有各的高光时刻，但都无可避免地落入尘埃：2012 年，老牌母婴电商红孩子以 6600 万美元卖身苏宁；2016 年，以社交、团购起家的荷花亲子因经营不善宣布关闭；曾与蜜芽并列百亿估值母婴电商的贝贝网，在 2021 年出现资金问题，同年在各大应用市场下架。

在二孩、三孩政策相继落地，2021 年母婴消费规模超过 3 万亿元的洪潮下，烧掉逾百亿资本的母婴垂直电商赛道，竟没有一家能稳稳地站在风口之上。

早在 2015 年，乐淘网创始人毕胜就曾提出过“垂直电商是一场骗局”的观点，如今看来并非信口开河。

2022 年 7 月，雪豹财经社根据公开资料不完全统计，过去 12 年间，15 家知名垂直电商平台的总融资额至少达到 35 亿美元，约合人民币 230 亿元。

这只是冰山一角。雪豹财经社统计了企查查收录的所有垂直电商平台天使轮至 D 轮的融资数据，剔除未披露详细数据的企业（融资数显示为数千万元、数亿元），2010 年 1 月 1 日至 2022 年 7 月 15 日，共有 1691 条融资数据，合计融资金额约为人民币 1291 亿元。

但是，这些曾风光一时的电商平台，有些已经步入历史的尘埃，有些则隐藏在黯淡的舞台一角。

赢者通吃

与综合类电商相比，垂直电商的种种局限性注定了它只能是电商在特定历史环境下的阶段性产物。

抛出“垂直电商骗局论”的毕胜，曾在剖析电商成本构成时做过这样的拆分："单向物流 10%+ 仓储 10%+ 反向物流 3%+ 客服 1%+ 技术 4%+ 管理人员 10%+ 市场推广 10%+ 代收手续费 2%+ 包装 1%=51%。"事实上，电商行业超过 50% 毛利的品类非常少，叠加价格战、补贴等营销费用，毛利最终还剩 10% 的空间。

实际经营中，高额的营销费用对毛利空间的侵蚀远不止于此。

曾经的"中国奢侈品电商第一股"寺库，2021 年财报显示，报告期内毛利率仅 3.77%。在如此之低的毛利率下，营销费用依然有 2.14 亿元，远远高于 1.18 亿元的毛利润，成为连年净亏损的原因之一。与寺库相比，母婴垂直电商平台宝宝树 2021 年的毛利率高达 60.58%，但同期的营销开支为 2.85 亿元，远高于 1.71 亿元的毛利润。

综合类电商则在营销费用的管控上更有优势，2021 年阿里巴巴、京东、拼多多的营销费用占毛利润的比例分别为 38%、30%、72%。

不仅高额的营销成本使盈利变得更加困难，缺少长尾效应也是垂直电商不得不面对的一大挑战。

对于绝大多数平台来说，热销品类聚集在一起构成"头"，而另外一些相对个性化、小众、零散的需求构成了"尾"。当尾部足够长时，其叠加起的交易额甚至可能超过头部。与"二八定律"恰恰相反，80% 的"非主流"商品所构成的长尾，对综合类电商的贡献远远不止 20%。

以卖书起家，并成长为美国第一大综合类电商平台的亚马逊就是靠着长尾效应发家。

亚马逊首先将畅销的图书以较低甚至亏本的价格销售，与传统线下书店争夺客户。与此同时，把较为冷门、小众的书，以相对高的售价来赚取利润。在这种经营模式下，购买畅销书的消费者获得了实惠，需要冷门书籍的消费者买到了心仪的商品，亚马逊则获得了流量和用户黏性。

长尾效应随后由单一品类拓展至多品类。由于长尾效应的存在，垂直电商在与综合类电商的正面冲突中很难占上风。更何况，综合类电商平台也在通过品类扩张鲸吞垂直电商平台的蜜与奶。

在奢侈品领域，淘宝曾推出过天猫奢品，京东在 2017 年上线了 TOPLIFE 奢侈品服务平台；在母婴用品领域，阿里巴巴 2017 年底便开始在北京、上海、杭州相继落地天猫智能母婴室，京东也推出了线上线下融合的京东母婴生活馆。

与此同时，综合类电商平台的巨大流量池对垂直电商平台也有莫大诱惑力。2012 年，1 号店、银泰网、库巴网、乐淘等 38 家垂直 B2C 企业，入驻淘宝商城开设官方旗舰店。

由于护城河的缺失，垂直电商在与综合类电商的直接竞争中毫无优势。

如果市场空间足够大，二者并非不能共存，但当综合类电商也开始为流量发愁时，垂直电商的境遇只会更差。

2022 年第一季度，淘宝成立 19 年来首次出现季度 GMV 下滑；2022 年“618”购物节上，京东商品成交额同比增幅创下历史新低；拼多多的 MAU 同比增幅从 2020 年第四季度的 50%，降至 2021 年第四季度的 2%。

当草原上的狮子开始饿肚子时，豺狼们能分到一口腐肉都显得奢侈。

要么扩张，要么衰落

纵观 2003—2022 年近 20 年的国内电商平台发展史，早年以服装销售为主的淘宝或多或少有垂直电商的影子，而初创时期的京东更是典型的 3C 垂直电商平台。

以垂类切入，再向综合发展才是一条完整的电商企业生命线。但决定转型成功与否的关键，在于能否找到一个强有力的支点。

2004 年，京东以电脑类商品起家，随后拓展了手机、家电等产品品类，形成了早期 3C 垂直电商的雏形。2007—2008 年是京东发展史的一个重要节点：2007 年京东开始自建自营物流，2008 年开始售卖日用百货，从垂直电商平台向综合类电商平台转型。

2008 年，京东商城的销售额仅有当当网的 75%，而如今已可以与淘宝、拼多多三分天下。自建物流是京东由垂直电商平台成功转型为综合类电商的支点。

一度有“东方亚马逊”之称的当当网在经历短暂的高光时刻后迅速走向落寞，而西方的亚马逊则同样靠着自建物流体系，由图书垂直电商平台一路成长为全球市值最高的综合类电商平台。

公开数据显示，2019 年亚马逊在美国境内的包裹量为 45 亿件，通过自建物流网络交付的包裹 23 亿件，占美国电商总配送量的 22%。成为全球第二家市值破万亿美元的公司之后，亚马逊时常会被投资者调侃为一家快递公司。

垂直电商平台由于具有对细分赛道深耕的特性，常常标榜更专业、更贴心的服务，但实际上却忽略了消费者最基本的消费体验。当垂直电商平台无法为用户带来比综合类电商平台更好的服务体验时（包括价格、品类、配送、售后等），其转型的过程往往会演变为没有支点的盲目扩张。

垂直电商作为电商发展的阶段性产物，走向更大更全的综合类电商是唯一出路。但这条路早已是湍流之上的独木桥，谁能率先找到支点，凭本事挤过去，谁才能获得新生。

只是，现在的支点已经越来越少了。

消费电子

乔布斯的老本吃了11年：肥了库克，瘦了黄牛

作者｜闫学功

2022年，乔布斯的老本吃了11年，苹果又一次迎来了口碑翻车的尴尬时刻。

被诟病“毫无创新，失去灵魂”的iPhone 14，被消费者冷落，被大V吐槽，也让在乔布斯时代赚得盆满钵满的“黄牛们”踩到了坑里，有人一天净亏几十万元。曾经的金苹果，成为不少黄牛眼中难以下咽的苦果。

2011—2022年，凭借耀眼的品牌光环和巨大的商业势能，苹果稳坐全球市值最高科技公司宝座，营收增长了近2.5倍，市值涨了6倍多。但执掌这艘超级航母并取得巨大商业成功的库克，却似乎仍未打消外界的质疑。

关于“库克揭下苹果创新标签”的话题，在几乎每一次新品发布后都会掀起一波讨论的热潮。乔布斯女儿吐槽iPhone 14毫无新意，经济学家任泽平直言“iPhone 14可能是苹果盛极而衰的标志”。

iPhone 14的翻车，惊醒了还沉浸在昔日盛宴狂欢中的黄牛们。乔布斯时代的狂热余温尚存，但寒意已至。马不停蹄地奔赴下一个战场，赚取更多利润，才是他们的当务之急。

一场必输的赌局

“做了万全的准备，没想到还是亏了四五万元。”做了 3 年黄牛的叶静跃叹了口气，总结 iPhone 14 发售 3 天以来自己的战况。

为了打好一年一度的苹果新品之战，经验丰富的叶静跃拟订了一份翔实的方案。

2022 年 9 月 16 日早上 7 时，他和他的团队便分别在北京朝阳大悦城、三里屯和合生汇的 3 家苹果门店蹲守。“我们团队只有 3 人，算上临时雇的排队外援，有 15 人。”

他们以每人 100 元的价格雇人排队抢售，这些人可能是学生、家庭主妇，不管抢没抢到都会付报酬。叶静跃团队 3 人则在一旁蹲守，如果雇来的人抢到手机，他们就会现身付款，随后便拿着新机向排队的用户加价售卖。

做足功课的叶静跃的目标十分清晰。苹果发售日前一天晚上，他便给外援们下了任务：“只抢 iPhone 14 Pro 和 iPhone 14 Pro Max，紫色是最优先款式。”

第一天，他以原价抢到了两台 iPhone 14 Pro，转手加价 1000 元卖出，赚了 2000 元。但随后以高于原价 1500 元的价格从用户手中收购了 20 多台后，他便开始亏损。“刚拿到手机时觉得很开心，想着一台加价 3000 元左右倒卖，每台还有 1500 元的利润。”他告诉雪豹财经社，“但手机到手后，发现根本卖不出去。”

苹果新机溢价的跳水，比叶静跃想象中来得快。他到当天中午已经觉察不对，只以 1500 元溢价的“原价”吆喝，但已无人问津。第一天，叶静跃将大部分手机加价 600 元左右卖出，亏了 2 万元。

此后两天，随着苹果新机溢价在黄牛市场的跳水，亏损逐渐扩大。

在苹果新品上栽了跟头的黄牛，远不止叶静跃一人。

“黄牛们赌输了，这次没有赢家。”从 iPhone 4 时代开始做手机经销商的吕樊告诉雪豹财经社，“2022 年发售前价格被炒得太高，我在发售前拿到手机后，同行们都将 iPhone 14 Pro Max 紫色款的溢价定在 3000 元左右，超高利润唤起了黄牛们的赌性。”

吕樊拿到的第一批 iPhone 14 Pro，绝大部分被加价 1500 元以上的黄牛们“抢”走了，“没办法，他们给的太多了”。

吕樊长年跟黄牛打交道，他将黄牛党分为高、中、低 3 个层级。

最低层级的是跟风的新手，这些人赔得最惨。中级黄牛有团队，能以原价抢购到手机。高级黄牛则能够先人一步，在发售前便已从经销商手中订到货。按照 2022 年的行情，只有高级黄牛才有机会小赚一笔。

从经销商手中直接预订了一批新机的李楠，是小赚一笔的幸运儿之一。但在他看来，“对于苹果这种产品来说，小赚就是亏”。

李楠告诉雪豹财经社，他每次订货前，都会在客户群和个人好友那里收到预订单，以此来确定进货数量。但 2022 年预订的客户明显减少，“起码少了一大半”。

曾不惜加价购买苹果新机的忠实客户这次冷静了许多，他们不再热忱的理由大多指向对 iPhone 14 缺乏创新的诟病。有客户告诉李楠：“我不觉得率先拿到一款与我手中 iPhone 13 极其相似的手机，有什么炫耀的价值。”

“果粉”冷静，黄牛的钱包必然缩水。

2022 年，李楠赚了六位数，只有往年的 1/3，但在黄牛党中已经算是佼佼者。他告诉雪豹财经社，2022 年的市场注定赚少赔多，有的同行已经亏了四五十万元。

散户背刺黄牛

“谢谢你，黄牛君。”苹果新机开售首日晚上，刘威发了这样一条朋友圈。

当天，他买到两台 iPhone 14 Pro 后，便被门口的黄牛拦下，每台加价 1800 元把手机卖给对方，赚了 3600 元差价。

嗅到商机的刘威当晚便召集了几个同学，一起去抢购 iPhone 14 Pro。在他看来，这是一桩稳赚不赔的生意。能卖给黄牛最好，卖不出去还可以 14 天无条件退款。他笑称：“总会有黄牛们接盘。”

像刘威这样反向收割黄牛的个人散户，在网上被称为“黄牛猎手”。黄牛团队的外援中，也有人摸清了门道，开始“背刺”黄牛。

叶静跃雇来排队的外援中，有两个人抢购到新机后当场“反水”，拒绝叶静跃团队代为付钱，而是自己买下手机，出门就高价转手卖给了另一波黄牛。在叶静跃看来，“我简直是在给他们打工”。

吕樊眼中更高级的黄牛猎手，是苹果经销商。

为了炒热市场，大经销商们在拿到手机后就对外放出消息，联合将新品价格炒到很高，并瞄定紫色 iPhone 14 Pro Max 为“溢价王”。第一批溢价手机没有多少流到普通用户手中，而是大部分高价卖给了黄牛。

以往的苹果黄牛市场就像一个漏斗。最上游的经销商拥有一部分稳定的利润和一定溢价的权利。中游的黄牛通过倒买倒卖赚取差价，最下游的是急于抢先拿到新机的用户，他们是最终为高溢价买单的人。

但 iPhone 14 的口碑翻车，让这个水面下的隐秘交易市场，变成了一个输多赢少的牌局。经销商的利润仍然相对稳定，但“果粉”的热情骤然降温，压力便被传导到了黄牛们身上。

依旧沉浸在“一机暴利”的苹果盛宴梦中不愿醒来的黄牛，突然成了被猎手们反向收割的对象。

告别黄金时代

敢砸钱赌暴利的黄牛们，曾见证过苹果手机造就的巨大财富梦幻。

2010 年，身穿黑色毛衣、牛仔裤的乔布斯手拿 iPhone 4 亮相，成为智能手机历史上的里程碑，也开启了黄牛的黄金时代。

“iPhone 4 算是划时代的产品，市场热情高涨，一台 5000 元的手机，不管从任何渠道拿到，转手就是 15000 元卖出去。”名校毕业的吕樊嗅到商机，做起了倒卖苹果手机的生意。当时，为了抢购苹果手机，黄牛们带着帐篷，在北京三里屯和大悦城提前 48 小时蹲守。

作为苹果的一代神机，首批 iPhone 4 上市 3 天就售出了 170 万部，而且供不应求。当时，国内市场的首售时间晚了 4 个月左右，利用这段时间差，黄牛们赚得盆满钵满。

吕樊告诉雪豹财经社，他当时发现香港的苹果店每人限购 5 台，于是组织了一行人坐飞机去香港排队，最大的一单赚了几十万元。“那时候稍微勤快点的黄牛团队，3 个月下来赚百万元都算少的。”甚至一年后 iPhone 4S 推出时，找黄牛买 iPhone 4 仍需要加价 1000 元。

转折点发生在 iPhone 8 推出时，那是吕樊头一次发现苹果新机遇冷。

当时已经是苹果经销商的吕樊回忆道，iPhone 8 卖得不是很好，苹果门店和中关村排队的现象大幅减少，不少高价囤货的黄牛们亏了钱。

也正是在这个时候，外界对苹果缺乏创新的批判甚嚣尘上。从 iPhone 5 到 iPhone 8，苹果几代产品被吐槽外形过于相似，好比“四世同堂”，功能也没有实质性革新。

被寄予厚望的 iPhone X，以更冷淡的市场反应给了黄牛们一记耳光。用户对这款号称“从未有过的智能手机”并不买账，iPhone X 最得意的两个创新——全面屏和人脸识别，被认为早已不是首创。

黄牛们亏钱，苹果损失更惨。iPhone X 销量不佳后苹果屡次减产，股价一度暴跌 7% 以上，超 600 亿美元市值蒸发。

iPhone X 遇冷，苹果的创新能力被拉下神坛，黄牛们赚差价的空间日渐缩小。一台新机通常加价小几百元，与 iPhone 6S 之前的一机难求、动辄价格翻倍相差甚远。

2021 年发布的 iPhone 13，成了黄牛生意热潮最后的余温。

彼时正值全球缺芯，苹果遭遇供应链危机。特殊时期的供需关系，让黄牛们找到了可乘之机。叶静跃事后总结道："并不是iPhone 13 多受欢迎，而是苹果在第一时间没有那么多备货，那个时间点就成了赚钱的好机会。"

但 iPhone 14 没有这样的幸运。一方面，新机被吐槽与上一代产品几乎毫无区别，多项 bug 曝光，新功能屡屡翻车。另一方面，库克吸取教训，更注重 iPhone 14 的供应链管理，新机供货十分充足。有网友表示，iPhone 14 Pro 新机等半个月左右便可到货。

这意味着，黄牛赚钱的土壤越来越贫瘠。

盛极而衰的拐点？

熬夜看完新品发布会后，苹果发烧友胡艺文下定决心，不再找黄牛加钱抢购新机。

她买过 iPhone 14 以外的所有 iPhone 机型，而且不止一次加价购买首发新机。在她看来，抢先一步晒出最新款 iPhone 并非炫富，而是体现一种对顶级新科技消费产品的追求，"这很极客"。但 iPhone 14 让她觉得，"抢这种过度相似的机型一点也不极客"。

对被公认守成有余、进取不足的库克而言，这当然不是件好事。

从 1997 年将"不同凡响"定为口号开始，创新便被视为苹果的灵魂。在乔布斯时代，苹果曾推出不止一款开创性的产品，并凭此坐稳了科技公司的头把交椅。

但自 2011 年库克担任 CEO 以来，苹果便鲜有令人眼前一亮的创新，甚至从引领者的角色逐渐沦为追随者。在销量上取得成功的

iPhone 6，是苹果首次推出大屏手机，被认为步了三星等品牌的后尘。iPhone 14 的部分功能，也被质疑抄袭安卓厂商。

经济学家任泽平在微博上直言，“苹果是在吃乔布斯的老本”，甚至认为 2022 年是苹果盛极而衰的转折点。

不可否认，从销量和公司市值来看，库克掌舵下的苹果取得了巨大的成功。部分原因在于，昔日价格高高在上的苹果手机，在定价上开始“低头”。

胡艺文注意到，从 iPhone 11 开始，苹果手机变得“便宜起来”。

一方面，iPhone 11 的起售价从上一代产品 iPhone XR 的 6499 元降至 5499 元。另一方面，安卓阵营的旗舰机价格持续上涨，OPPO Find X2 Pro 版本 5999 元起，小米 10 至尊版也要 5299 元起，与 iPhone 11 持平甚至更高。此后，苹果一直延续新机不涨价的策略。

不过，乔布斯留下的老本仍然够苹果吃上一阵子。据 Counterpoint Research 数据，2022 年第二季度，苹果在高端智能手机市场仍占据着过半江山，以 57% 的市场份额创下 iPhone 自 2007 年推出以来的历史纪录，并将全球手机六成多的利润收入囊中。

胡艺文这样的“果粉”也不会轻易抛弃苹果。虽然创新不足，但一年一度的硬件（主要是芯片）稳定更新、软件系统稳定，仍对他们有巨大的吸引力。

换句话说，乔布斯时代创造的巨大势能，足以让在创新方面略显平庸的苹果帝国靠惯性继续向前滑行。但随着苹果光环褪色，知秋的寒蝉已经隐隐嗅到寒意，感知到创新乏力的后果。

对于靠苹果吃饭的手机经销商吕樊而言，苹果仍然是他营收的大头，“黄牛失败与否，不影响这一切，太阳照常升起”。

靠稀缺性和时间差赚钱的黄牛们则无暇为此悲春伤秋。马不停蹄地奔赴下一个战场，赚取更多利润，才是他们的当务之急。

叶静跃已全力转战华为 Mate 50。他告诉雪豹财经社，华为新机溢价水平一直比较稳定，2022 年的最低配都要加价 1000 元，最稀有的保时捷款已被炒到了 2.5 万元以上，较原价（12999 元）翻了近 1 倍。

对于仍站在金字塔尖的全球顶级软硬件一体制造商的苹果公司而言，iPhone 14 不可能成为绝唱。但黄牛们暴富梦的终章，或许将为苹果“躺赢”的终结，奏响一段前奏。

（文中受访人物均为化名）

手机创新被锁死，缺的不是乔布斯，而是下一个爱因斯坦

作者 | 闫学功

科幻小说《三体》中，外星人的高级 AI（人工智能）“智子”利用自己的能力干扰人类的物理学实验结果，从而锁死了基础科学的发展，导致一群科学家信仰崩塌。

自 2018 年以来，智能手机的创新开始裹足不前，除了 5G 商用和折叠屏，各大厂商“挤牙膏式”的创新饱受用户诟病。

智能手机曾被称为人类顶尖科技的产物，一部智能手机的组成，至少运用了 8 项获过诺贝尔奖的技术。但有人戏称，智能手机的创新能力已被智子锁死。

手机进入微创新时代，锁死的不仅是创新，还有用户的钱包。也是在 2018 年，猛增 10 年的全球手机销量遭遇拐点，出货量同比下降 4%，此后再未提振。市场调研机构 Strategy Analytics 曾预计，2022 年全球智能手机出货量将同比下降 7.8% 至 12.5 亿部。这一数字，低于 2014 年的 13.18 亿部。

锁死智能手机创新能力的智子，究竟是什么？

创新：从飞速到蜗行

2022 年的 iPhone 14 备受诟病，曾引领智能手机创新的苹果，

后来却被打上了毫无创新的标签。

糟糕的是，被智子锁死创新的不只是苹果。“一年一个小更新，五年一个大更新”，已成为整个智能手机行业的通病。

智能手机上一次有较大创新还是在几年前，即5G商用和折叠屏。但折叠屏手机价格动辄上万元，再加上技术不成熟，并未成为市场宠儿。咨询公司TrendForce此前预测，2022年OLED折叠手机渗透率将达到1.1%。

智能手机上一次让用户眼前一亮的创新，是2017年推出的全面屏。2018年，用户一年的等待，只换来了手机屏幕占比提升了1个百分点。也是在这一年，智能手机市场迎来前所未有的寒冬。

“智能手机的创新已经停滞，我们只能逐步改进成功的老设计，这对所有人来说都是一个挑战。我们目前并不清楚，下一次颠覆性创新将来自哪里。”市场研究公司CCS Insight的研究主管本·伍德（Ben Wood）在2018年接受CNBC（美国消费者新闻与商业频道）访谈时，曾直言不讳评论过手机的创新。

智能手机的创新速度如同蜗行，以至于人们似乎忘了，迄今已有近40年历史的手机，曾经历过飞一般的更新迭代。

1983年，摩托罗拉推出世界上第一部商用手机Dyna TAC 8000X，售价高达4000美元，重达1千克。当时，这块昂贵的“砖头”仅能用1G信号通话半小时，再无其他功能。4年后，摩托罗拉3200在中国售卖，也就是一代人熟悉的“大哥大”。

在这个阶段，手机还只是通话机。

进入20世纪90年代，信号更稳定、加密性良好的2G技术出现，摩托罗拉慢了一步，爱立信和诺基亚后来居上。1992—1998

年，诺基亚先后推出了能发短信和内置游戏的手机。1999 年，摩托罗拉推出折叠手机，诺基亚发布了内置天线的手机。

自此，手机进入功能机时代。

2000 年之后，进入 3G 时代的手机加快了创新的步伐。双屏、触摸屏和彩屏手机相继出现，屏幕越来越大，MP3、拍照、上网、储存等功能日渐丰富。诺基亚等品牌配备了塞班操作系统，智能手机雏形初现。

2007 年，乔布斯手持初代 iPhone 横空出世，初代 iPhone 集合了 iPod、触摸屏和上网功能，乔布斯声称要“重新发明手机”。2008 年，苹果发布 iPhone 3G，这款手机拥有独立操作系统，首次搭载 App Store，用户可以自主下载新的应用程序。

以此为标志，苹果正式拉开了智能手机时代的帷幕。

苹果迈出了手机创新史上的重要一步，但新的桎梏也悄悄埋下种子。

智能手机问世已有 10 多年，从堪称革命性创新的 iPhone 4 发布至今，智能手机为人称道的重大创新仅有全面屏、人脸识别、折叠屏等，其余更多是在原有概念基础上的缝缝补补，少了从无到有的颠覆。

被基础科学研究“卡脖子”

看似平常的手机背后，藏着人类科技发展的秘密。

有“中国量子力学之父”之称的物理学家、中国科学院院士潘建伟在一次公开演讲中称：“一部手机中至少有 8 项诺贝尔奖。”

换句话说，手机创新的弹药库不是“乔布斯们”的灵感，而是基础科学研究。

在硬件方面，手机的重大创新主要集中在通信信号、芯片、摄像、内存、屏幕、电池等方面，与物理和化学息息相关。

从打电话到发短信，再到可以上网、人机交互，手机功能的变化离不开通信技术的发展。通信信号从 1G 到 5G，传输速度更快，使用场景更多。目前，通信技术尚未触及天花板，业界预计 2030 年 6G 可以商用落地。

尚未遇到物理瓶颈的内存，也是智能手机为数不多能保持更新的硬件。各大厂商纷纷推出 1TB 内存，作为旗舰机的标配。

但在通信技术和内存之外，其他几项关乎手机创新命脉的底层技术，均已触到了天花板。

近年来，安卓厂商的芯片屡屡翻车，高通骁龙因散热问题被戏称为“火龙”。苹果的 A 系列芯片虽然稳定迭代，但也已告别了大踏步的性能提升。A9 比上一代产品性能提升了 70%，但从 A12 到 A15 只提升了 40%。

这个现象的背后是芯片制程问题。1965 年，英特尔联合创始人戈登·摩尔提出摩尔定律，含义是在价格不变的情况下，芯片的晶体管密度每隔 18 个月就会增加 1 倍，性能也会增加 1 倍。

但这只是理想场景，在现实情况下，芯片制程工艺是有极限的。

通俗地说，芯片工艺就是在硅片上用激光“雕花”。nm（长度计量单位：纳米）越小，意味着激光雕刻的尺寸越小，处理器内的计算单元越多，处理器的性能也越强。但进入 7nm 工艺后，难度越来越大，摩尔定律开始失效。后来，3nm 芯片遇到瓶颈，从物理学极限上来说，硅片最多能承载 1nm 精度。

性能越来越难突破，成本却越来越高。英伟达创始人兼 CEO 黄仁勋曾直言："摩尔定律已经死去。"

手机摄像头面临同样的困境。

从夏普 2000 年推出第一款 11 万像素的拍照手机开始，拍照功能成为兵家必争之地。经过 20 多年发展，手机像素提升了 1000 倍，但摄像功能也已碰上了天花板。

事实上，影响手机摄影能力的关键指标不在于像素，而在于传感器（CMOS）尺寸。一般来说，传感器越大，成像效果就越好。截至 2022 年，碍于手机的尺寸和能耗，1 英寸的传感器已是极限，前置摄像头更是因为全面屏的普及久未更新。

用户感知明显的手机屏幕和电池，也有类似的"成长的烦恼"。

全面屏普及后，手机屏幕提升到了 2K 分辨率，还出现了折叠屏。但受限于材料，折叠屏难以彻底抹除折痕，更高清的 4K 屏幕则无法解决能耗问题。

锂电池是手机上进步最缓慢的硬件，锂电池技术从 20 世纪 80 年代问世至今没有革命性进展，进一步优化的空间有限，科学家们也仍未找到更优的电池材料。截至 2022 年，碍于手机大小和轻薄度的要求，主流厂商的电池容量被锁死在了 4000 ~ 5000 毫安。

最底层的基础科学研究"卡脖子"，手机创新的弹药库逐渐枯竭。

商业桎梏：沉重的现实引力

作为普及率最高的数码产品和应用技术的集大成者，手机承载着用户很高的期待。10 多年未有重大进化的手机，已很难满足人们更多的需求。

扎克伯格在 2017 年称，未来智能手机将被 VR（虚拟现实）、AR（增强现实）等头显设备取代。比尔·盖茨则认为，未来的手机将类似于“电子文身”，直接在人体中，继承手机的所有功能。

但无论想象如何天马行空，手机终究不是实验室里的蓝图，而是最终要落地的商品。锁死手机创新能力的智子，既是遭遇瓶颈的基础物理学，也是商业市场的桎梏。

从牛顿的三大力学、麦克斯韦的电磁学、爱因斯坦的相对论到量子力学，基础物理学在很大程度上决定了科技的高度。在此基础上，蒸汽机和电气化引领了第一次和第二次工业革命，光电效应和量子力学构建了互联网信息时代，也酝酿了智能手机的诞生。

应用科技要落地，根基都在基础物理学。

然而，当前的基础物理学如同科学家们在前人的基础上修修补补，好比一座大厦，只是在内部搞搞装修，甚至只是在房间里增加一把椅子。

2022 年的诺贝尔物理学奖颁发给了 3 位量子信息科学家，但他们验证的理论早在近 60 年前就已被提出。而回头来看手机上的几大重要硬件，无一不是 20 世纪提出的基础理论的落地应用，相当于在吃近百年前的科学老本。

更何况，作为面对全球数十亿用户的大众商品，性价比是手机不得不考虑的因素。

一个典型的例子是，在跨过物理学的门槛之前，3nm 的芯片制程先撞上了市场的冷脸。2022 年，台积电宣称 3nm 芯片量产被延迟。由于 3nm 芯片的价格过高，厂商不愿意为其买单。另一家芯片大厂三星也有类似困境。

再比如，石墨烯电池重量更轻，充电速度比锂电池快数十倍，但高纯度石墨烯的价格动辄每克上千元，很难应用到手机上。

手机屏幕从刘海屏进化到水滴屏，在用户眼中可能仅仅是 1% 的提升，但对于厂商而言，可能已经是投入大量人力、物力和时间所能达到的极限。

正如《三体》中所说：“任何超脱飞扬的思想都会砰然坠地，现实的引力太沉重了。”

出于对研发投入性价比的考量和对销量的担忧，厂商更倾向于守成，绝少将大量资金投入前景不明的创新领域。用户不愿意为微创新买单，又导致销量下滑。

在人类历史上，创新总是线性积累，到某一临界点后发生指数爆发。从只有通话功能的大哥大到连接万物的智能手机，手机的创新并未彻底停滞，只是进入了“大爆炸”之后的瓶颈期。

突破智子封锁，谁会是下一个时代的先行军？

新造车

“危马”踏碎沈晖梦

作者 | 闫学功

打了半辈子工，沈晖的梦想是开公司，自己当老板。

沈晖不喜欢自己的职业经理人身份，尽管他的履历足够光鲜。他时常提起自己在大公司的过往：“我在美国、欧洲、中国的世界500强企业都做过高管，也做过一把手，不创业的话不知道该干些什么。”

2015年，他用一句“打工，我受够了”作别李书福，创立了自己的公司——威马。

彼时，沈晖45岁，仅有的一段创业经历是担任了10个月的博泰联合创始人兼CEO。相比之下，“蔚小理”（蔚来汽车，小鹏汽车和理想汽车的简称）创始人都是经验丰富的连续创业者，平均初次创业年龄22岁。因为这个，沈晖被称为“迟到的创业者”。

然而，职业经理人的光鲜履历，在当老板这件事上，似乎很难发挥什么作用。

实现创业梦想8年后，沈晖的威马面临前所未有的危机。公司等待救命的融资，车主等待维修的配件，员工等待薪水和社保的发放。53岁生日的前一周，他在微博上分享了电影《芙蓉镇》的经典台词：“活下去，像牲口一样活下去。”

开公司这件事，似乎跟他当初的设想不太一样。

“迟到早退”的创业者

沈晖梦想中的这家公司，要够大、够豪华，装潢“要像大公司那样”。

在威马工作过6年多的老员工张章告诉雪豹财经社，威马早期的风格很舒适，有健身房、茶水间，还有一个室内羽毛球场地。每天下午在茶水间里聊天的人比比皆是，“不像创业公司，更像国企”。多位威马早期员工表示，这种舒适的办公环境是沈晖促成的。

这家公司还要足够有钱、有资源。

沈晖在资本市场长袖善舞，并对此颇感骄傲：“我是最能调动国际资源的，没有人可以像我一样，拿起电话就能和通用CEO、CFO（首席财务官）直接对话的。”他在圈内最辉煌的一役，是带领团队完成了吉利对沃尔沃的收购。

2020年9月，威马完成100亿元的D轮融资，是造车新势力史上最大的单笔融资。截至2021年末，威马累计融资350亿元，远超未上市时的“蔚小理”。翻开威马的融资名单，既有“国家队”，也有互联网巨头、VC（风险投资）甚至港澳资本。

“他把大部分时间用在融资上，在早期每过一段时间他总能带着大笔钱（投资）回来。”多位威马员工向雪豹财经社表示。沈晖也曾多次向外界宣称：“威马从来没缺过钱。”

但眼下，缺钱正成为困住威马的泥潭。

由于威马长期拖欠供应商货款，多家供应商停止发货。威马员工告诉雪豹财经社，自2022年下半年以来，多家供应商陆续来公司大堂拉横幅讨债。

供应商不发货，4S 店就没有维修配件可用。从 2022 年 11 月开始，北京车主黄达的威马 W6 就出现了空调不制热的问题，但因为配件没货无法维修。他只好每天早起半小时，烧上一壶热水灌入暖手袋，开车时将暖手袋放在腿上，勉强熬过北方的寒冬。

2023 年初，黄达发现北京五方桥的威马 4S 店已经关门。不只这一家，威马在全国范围内迎来了关店潮。多家媒体报道，北京、上海、河南等地的威马线下门店几乎全部关停。

就连威马曾引以为傲的温州和黄冈工厂也均已成“空城”，工厂全线停摆。巅峰时期有 600 人的黄冈工厂仅有保安在值守，偶尔有几名员工在厂内值班。

沈晖在 2023 年 2 月 17 日发微博称：“威马确实遇到了一些困难。正在通过一系列降本增效的措施进行调整，全力保障复工复产。”

微博是沈晖在公众面前发声的一个窗口。50 岁生日那天，他身着一身黑色运动服，在员工的簇拥下切着蛋糕，并许愿“威马大卖”，微博下面评论尽是祝福。

3 年后的生日（2023 年 1 月 19 日），沈晖没有公开庆祝，只有微博自动生成的一条祝福，评论区却挤满了愤怒的员工，他们在讨要自己应得的工资、社保和公积金。

威马北京总部的员工晓琳从 2022 年 9 月开始居家办公，原因是公司欠写字楼房租，被勒令离开。10 月，她收到了全员降薪至 70% 的通知，从 11 月起公司不再缴纳社保和公积金。

对于全员停薪留职的传闻，晓琳告诉雪豹财经社：“确实没有明文这么说，但是也没人通知你复工，工资按照北京市最低标准发放，相当于等你自行离开。”

不过短短 8 年，迟到的创业者沈晖，已经有了“早退”的迹象。

无为而治，祸起萧墙

在回顾自己的职业经理人生涯时，沈晖自称“underdog”，意思是逆袭的黑马。

在不少人看来，沈晖身上职业经理人的颜色从未褪去，未能完全转变为创业者。他的个人形象、在工作上的种种习惯和选择，都离不开多年头部公司职业经理人生涯的塑造。

老员工张章对沈晖的印象是永远从容、精致、温和、笑脸迎人。“每次召开发布会前，他都要特地去理一次发，也没有多少人见过他发脾气。”

比起万事亲力亲为，沈晖更乐于放权，喜欢一个命令下去，各组织自行运转。但作为一场商业战争的元帅，他常被认为缺乏“决断力和狠劲儿”。

“沈晖对产品参与力度不大，更多的是我们自己去讨论。”曾任职于威马成都研究院的研发人员刘雪告诉雪豹财经社，从威马跳槽到另一家头部造车新势力公司后，他发现新老板对车的细节“把握至极点”，车上的每一个角落他都会用自己的眼睛、身体测量。

也正是由于沈晖近乎无为而治的管理，他视之为威马“生命力”的产品部门，出现了堪称惨烈的内斗。

在很长一段时间里，威马成都研究院和上海总部享有同等重要的地位，而威马成都研究院的负责人是威马联合创始人、COO（首席运营官）侯海靖。威马技术部前员工王绛告诉雪豹财经社，他甚至一度认为威马有两个老板。

侯海靖是沈晖在吉利的前同事，一直主管生产工作。加入威马前，他曾担任华泰汽车总经理，因和家族企业观念颇深的创始人有诸多摩擦而最终离开。

在威马，与侯海靖爆发矛盾的是前 CTO（首席技术官）闫枫。

闫枫此前是斑马智行的技术负责人，也是威马少有的有互联网背景的高管，负责研发工作。曾在闫枫手下的威马研发人员李涵坤称，闫枫做事细腻，从车机系统到智能助手小威、智能表盘，他率队完成了威马智能化从 0 到 1 的搭建。

但侯海靖也盯上了研发这块地盘，并表现出了寸步不让的势头。

2020 年威马销量不佳，侯海靖认为是闫枫团队研发的车机不佳，拖了营销的后腿。两人在产品研讨会上针锋相对，据雷峰网报道，侯海靖甚至用粗口谩骂闫枫，最终闫枫沉默离席。

之后，侯海靖顺势参与了研发工作，但高层矛盾给威马的研发造成了阻碍。因为有“两个研发负责人”，方案做出来不知道应该以谁的为准。此后不久，闫枫离开了威马。

李涵坤认为，虽然侯海靖不该跨部门争夺研发权，但两人起争端的根本原因还是沈晖。“老板并没有直接干预，而是对产品放权，他一般只说要做智能化、好卖的产品，但没有具体的想法。”

沈晖理想中的公司，运行起来应该如臂使指，“做很多事情要上上下下全部统一才行”。

一位曾考虑投资威马的机构投资人向雪豹财经社表示：“沈晖

想当的角色是推动第一张多米诺骨牌的人，后续水到渠成，但创业者要面临各种问题，远远做不到一劳永逸。”

理想汽车 CEO 李想也曾就新造车创业者发表看法：“这一轮失败得最惨的创业者往往是跨国汽车企业的高管，他们大多上来就想做从 10 到 100 的阶段，而不愿意再干从 0 到 1 的阶段。”

从职业经理人到老板，不只是站得更高、权力更大，也意味着担子更重。

400 亿元是怎么烧完的？

在侯海靖一人分管生产、研发、营销的威马，沈晖将更多精力放到了融资和花钱这两件大事上。但恰恰是资金问题，将威马拖进泥潭。

或许因为是传统车企出身，沈晖对自建工厂颇有执念。

关于是否自建工厂，威马内部曾有过分歧，但沈晖十分坚决，力排众议。他调研过美国 4 家电动车企（Fisker、Coda、Wheego 和特斯拉），认为特斯拉成为唯一的幸存者，自建工厂是主因。他甚至公开表示：“如果选择代工生产，我会天天睡不着觉。”

但即使沈晖的融资能力再强，创业公司也很难像家大业大的巨头一样“烧钱”。

2016 年，威马在温州市洞头区兴建工厂，一期投入 76 亿元，2018 年又投入 202 亿元建立黄冈工厂，仅购买资质就花了近 14 亿元。两家工厂合计年产 25 万辆，而威马年销量峰值为 4.4 万辆。

一切都按照沈晖梦想中的样子搭建了起来，也在不知不觉中给威马的命运走向埋下了暗雷。

正如威马前联合创始人杜立刚所说，过早投入第二工厂的建设，导致产能长期闲置、资金空转，给威马带来了巨大的资金压力。2019—2021 年，威马累计亏损超 174 亿元。

建工厂花了太多钱，到了内部员工认为最需要花时间和金钱投入的产品和营销上，沈晖却采取了保守的打法。

沈晖一度在对外宣传时将智能化作为威马的标签之一，但从研发投入上很难看出威马的决心。2019—2021 年，威马研发投入总计 28.66 亿元。相比之下，2021 年全年，蔚来、小鹏、理想的研发投入分别为 45.9 亿元、41.1 亿元和 32.9 亿元。

从产品端看，威马至今所有车型底盘几乎都是在 EX5 上修修改改，沈晖最早许诺的“128”（1 个架构，2 个平台，8 款车型）也始终未能实现，轿车车型 M7 更是在 4 年间反复跳票。

一位入职威马 5 年的研发部门员工透露，此前也有人建议威马做轿车和各种轴距的车型，但“先是被侯海靖驳回，最终沈晖也没有去推这件事”。

营销也是“烧钱”的大头。

沈晖曾多次在公开场合表示“该学学‘蔚小理’的营销”，也曾对外释放自己“学习互联网”的信号。但除了向媒体展示“我的手机装了 100 多个 App”，和脱下西服、穿上卫衣说起 Rap，沈晖最终仍选择了传统的经销商模式。

威马营销部门前员工赵健告诉雪豹财经社，威马前联合创始人、高级副总裁陆斌早期想力推直销模式，但最终没能实现。为了降低威马的成本，陆斌采用折中方式——让经销商入股。“有点像荣耀刚分出来时的打法，让经销商成为股东，风险共担，也能让经销商更有动力。”但陆斌未能解决经销商和威马之间的利益冲突，“双方都认为自己吃亏了，最后闹得很不愉快”。

陆斌走后，威马正式确定了传统经销商的营销策略，并鼓励高管自己拿钱开店，威马还会有相应补贴。

这一招让威马门店数井喷。截至2021年底，威马有621家合作伙伴门店，而同期“蔚小理”门店数量分别为387家、357家和206家。

密集开店未能提振销量，反而加重了威马的财务压力。2022年，威马交付2.95万辆新车，与“蔚小理”相比几乎只是个零头。但2021年，威马支付给经销商的返利和补贴总额高达16.2亿元，超过了年收入的1/3。

最后一道防线

2020年1月，沈晖发了一条微博，要和美团创始人王兴打赌，原因是王兴当时看好最终存活的3家新势力是“蔚小理”，没有威马。他的赌注是，如果威马能进新势力前三，希望王兴能给他送一份外卖，进不了就送一辆车给王兴。

但即使在那个时间点，威马掉队的说法也已甚嚣尘上。2020年，威马一年卖出2.25万辆新车，下滑至造车新势力第四位。一位威马门店员工告诉雪豹财经社，这个数字还包含了不少网约车的销量。

3年后，手握一副好牌的沈晖输掉了自己亲手设下的赌局：威马不但跌出了造车新势力前三，还陷入了生死困境。

为了活下去，沈晖不得不再次奔波上路，试图用自己最擅长的方式——融资，来完成救赎。

2023 年 1 月 12 日，Apollo 智慧出行集团有限公司（简称“Apollo 出行”）宣布拟以 20.23 亿美元收购威马的全部股份。Apollo 出行 1 月发布公告称，Apollo 出行及威马正建议在 2～3 个月内筹集临时融资。这笔融资包括某知名商业银行注资 2.5 亿元港币，世界 500 强正威国际注资 5 亿元人民币，雅居乐集团注资 15 亿元港币，总计金额超过 20 亿元人民币。

但当时财联社援引知情人士称，这笔救命的资金未到账。

威马不断传出利空消息，在某种程度上不利于资本流入。当时，中国乘用车产业联盟秘书长张秀阳认为，威马完成挂牌的计划存在很大变数。

即使融资成功，威马也很难彻底解决自身问题。

截至 2022 年 3 月末，威马在手的非受限现金仅 36.78 亿元，同期有息负债达到 89.55 亿元，融资金额不能完全偿还债务。

威马走到今日，根本问题在于产品力落后。

蔚来靠用户运营站稳脚跟，小鹏给自己贴上了智能化的标签，理想靠产品定位在细分赛道杀出重围。唯独威马，品牌形象仍显得模糊。沈晖自己也在接受媒体采访时承认，威马的产品亮点不突出。

2022 年，威马交付 2.95 万辆新车，同比下降 33%，已消失在新势力交付榜单中。从创业初期就已意识到得靠市场运营来保证现金流正常的沈晖，至今没让威马实现自我造血。而打造新的平台、车型和重塑品牌影响力，也不是短期内靠钱能堆出来的。

蒙眼狂奔 8 年、烧光 400 亿元之后，沈晖开始意识到“要思考一些，要小心一点”。他相信威马只要还有一口气在，还可以继续应战，但眼下的局面显然已不是光靠信心就可以支撑的。

沈晖的英文名是 Freeman，这源于他钟爱的橄榄球运动。在橄榄球中，自由卫（Free Safety）是防守组的自由人，也是球队最后的防线。这一位置要求球员反应迅速、预判能力强。前方防线失效或出现意外时，自由卫的职责是进行最后的拦截。

找不到地方修车的黄达在深夜发了一条朋友圈，调侃威马的车标：“这车标的含义是三长两短。”但当外界试图“掐算”威马的生死，沈晖还没有放弃一搏。

他似乎并不后悔放弃在世界 500 强公司的光鲜职位，也不后悔选择造车这个赛道。他甚至相信，当时的困境只是黎明前的黑暗，威马的落后也只是“马拉松比赛跑完了第一个 100 米”。

然而，作为威马的最后一道防线，沈晖眼下最大的难关仍是如何“像牲口一样活下去”。

（文中受访人物均为化名）

蔚来 NIO Day“六年之痒”，回不去的蜜月

作者 | 闫学功

从来没有哪一届 NIO Day 像 2022 年一样充满对立感：鲜花与鸡蛋齐飞，赞美与恶评一色。

台前，由不同身份车主组成的乐队登台献唱，717 名来自全国各地的用户志愿者四处忙碌，公益义卖市集、用户展览馆和微电影里，全是蔚来车主的身影。这场被视为蔚来车主“家宴”的年度联欢会上，一切都看起来和往年没什么不同。

幕后，2022 年 12 月发生的用户信息泄露事件余波未散，直播弹幕上和蔚来 App 里质疑声四起。李斌在 NIO Day 后的媒体交流会上承诺，不会向犯罪分子妥协，也会对客户可能存在的损失负全部责任，“哪怕赔破产”。

NIO Day 办到第 6 届，车主数量从 1 万到 30 万，新鲜感在消退，蔚来引以为傲的用户服务也在不可避免地被稀释。发生在 NIO Day 数日前的用户信息泄露事件，像一把尖锐的匕首，将温情脉脉的面纱撕开了一道口子。

理想与现实的隔阂从未如此分明。人们都明白蜜月期终将落幕，没有什么会天长地久，只是还没有做好准备，NIO Day 与蔚来用户的“六年之痒”，来得这么快。

一个舞台，两个阵营

曾被认为拧成一股绳的蔚来车主们，悄悄分裂成了两个阵营。

一些人仍然对蔚来抱有特殊的感情。志愿者们忙碌了好几个月，拉赞助、拢资源、安排行程，尽可能妥善地招待数千名奔赴合肥大本营的蔚来车友。用户们在公益义卖集市上挂上了横幅，上面写着“车主福利合伙人，到哪都是自己人”，李斌在不同的美食摊位前打卡，遇到的人都亲切地称呼他“斌哥”。

也有很多人这次没有站在“斌哥”这一边。他们在用户信息泄露事件后公开表达对蔚来的不满，担忧自己的隐私无法得到保护。NIO Day 的现场直播画面下，有人冷冷地在评论中唱反调：“赎金付了吗？”“先把用户信息保护好了吧。”

对蔚来和车主而言，NIO Day 从来都不只是一场新车发布会。它还是车友会、联欢会，是蔚来证明自己是车主“有想法、有品位、靠谱的朋友”的绝佳舞台。

但 2022 年 NIO Day 的聚光灯中心已经悄然偏移。

为了介绍 EC7 和改款 ES8 这两款新车型，李斌花了约 50 分钟讲产品，占了发布会近一半的时间，为历年之最，远超往年的 20～30 分钟。

这意味着，原本属于用户的时间在缩水。以蔚来车主为原型的微电影从 2021 年的 4 个减少到了 3 个，以往发布会之前占比颇多的现场采访环节，本次也只采访了 2 位车主。

公益义卖市集开始“夹带私货”。在发布会正式开始之前，镜头切到蔚来用户公益义卖市集现场，志愿者详尽介绍了蔚来最新的

VR 眼镜参数和体验，以及部分车型和房车的结合演示。

在线上，“不和谐”的声音也悄悄多了起来。面对盛大的 NIO Day，有人在评论中感慨“作为蔚来车主感到荣幸”，也有人不以为然，“大搞噱头，把车做好了才是真的”“蔚来总是将精力放在这些花里胡哨的东西上”，还有不少人觉得“无趣，毫无惊喜”。

而用户信息泄露事件成了用户表达不满的“重灾区”。

2021 年 12 月下旬，有黑客团队称破解了蔚来近 40 万用户数据，并向蔚来勒索 225 万美元等额比特币。当晚，李斌在蔚来社区发文致歉，承诺会为用户损失承担责任。但不少车主认为这份声明没有诚意，“这么大的事是道歉就可以解决的吗？”

在 NIO Day 结束后的媒体见面会上，李斌再度回应：“坚决不向犯罪分子妥协，哪怕公司赔破产了也不会妥协。”但这一回应，未能让所有车主感到满意。

裂痕正在悄然变大。仅靠一场逐渐失去新鲜感的 NIO Day，恐怕很难让蔚来与用户重回蜜月期。

不计成本，不可持续

把自己定义为“用户企业”的蔚来，曾将用户视作公司“最宽广的护城河”。

2017 年的首届 NIO Day，蔚来豪掷数千万元，其中一半花在了用户身上。出动 8 架包机、60 节高铁车厢和 160 辆大巴，将全国几千名准车主接到北京，并安排在五星级酒店住宿，每个房间里都有小礼品和李斌亲笔写的感谢信。

在那场被很多用户津津乐道的盛会上，李斌提到最多的一个词就是“极致的服务”。他发布了 NIO House，用户“在这里可以和朋友聚会，举办论坛，带孩子玩，品尝到最好的咖啡”。李斌的妻子王屹芝客串现场主持人，一直到 2020 年。

也是在那一年，蔚来借一号员工李天舒之口定义了 NIO Day——“蔚来每年一度的大 party”。

此后 5 年，NIO Day 介绍新车的时间很少超过 30 分钟，将更多时间留给与现场车主的互动，如抢积分红包、统计星座等。车主组建乐队进行表演，拍摄用户微电影，都成了 NIO Day 的保留节目。从台前到幕后，NIO Day 处处有蔚来车主的参与，就连举办地都由用户投票决定。

为了做好一家用户企业，蔚来可以说是不计成本、不计代价。

李斌曾对蔚来车主承诺：“燃油车能去的地方，蔚来都能去。”2018 年 9 月，一批初代 ES8 车主想开着 ES8 去新疆、西藏，但是沿途基本无法充电，蔚来的解决方案是用燃油板车拉着补电车一直跟随。此后，蔚来加大了对换电站和充电桩的投入。

2018 年，蔚来推出服务无忧 1.0，其中免费维修没有上限。哪怕是车身上有个小划痕，用户也可以去代理商那里喷全漆，费用由蔚来买单。

但不计成本的代价也很明显。

截至本文发布之日，成立已有 8 年的蔚来尚未实现自我造血。2022 年前三季度，蔚来净亏损同比扩大 311% 至 79.9 亿元，是 2021 年全年亏损额的近 2 倍。李斌曾算过一笔账，去除服务人员的人力成本，蔚来每年在服务上的亏损大概是 4000 元 / 车。

更何况，随着第 30 万辆量产车正式下线，蔚来的用户规模还在继续扩大，长期维持高水准的用户服务是否会让蔚来感到力不从心？

可以确定的是，随着蔚来迅速长大，用户服务已经不可避免地缩水。NIO Day 评论中尖锐的声音，不过是冰山一角。

高墙难筑，护城河难挖

蔚来用户服务的悄然缩水，早已渗透在很多细节中。

2019 年，蔚来融资不利，股价跌至 1 美元，李斌称蔚来“进了 ICU（重症加强护理病房）”。次年 2 月，蔚来将服务无忧升级为 2.0 版本，维修保养、增值服务等方面均有所减值。

李斌对此回应称：“从持续经营的角度来看，蔚来肯定需要对这些无忧方案做调整和迭代。”蔚来总裁秦力洪也表示，随着用户规模越来越大，“要保持当年的浓度一点都不变，确实是很难的一件事”。

2020 年 10 月，蔚来宣布新车主不再享受无限次免费换电，取而代之的是每月 6 次的免费换电。2021 年，从 ET7 开始，蔚来取消了终身质保。

不同的声音，在看似铁板一块的蔚来用户中间出现。

2021 年 8 月，蔚来因自动驾驶宣传口径问题被推上热搜，500 多位车主发布联合声明，称蔚来对辅助驾驶的介绍、宣传，未对他们构成混淆和误导。但更多人不希望“被代表”，最终近万名车主联名反对上述声明。

2022 年 6 月和 12 月，蔚来又接连发生了测试车高空坠楼事故和用户信息泄露事件，引发大量争议。

每一次危机，都在考验蔚来与用户之间日益脆弱的连接，但蔚来似乎已无法将足够多的精力放在“灭火”和安抚用户上面。

面对追赶者不断逼近的步伐，仅靠先发优势和用户这条护城河已远远不够，蔚来还亟须筑高城墙：发新车、造手机、造电池、造芯片、铺设换电站网络，摆在蔚来面前的任务和挑战还有很多。

李斌在 2022 年第三季度的财报电话会上表示，第三季度研发投入之所以提高，主要是因为公司在电池、芯片等领域的研发投入有所增长，这是蔚来计划的一部分。接下来，蔚来的研发投入基本会保持在每季度 30 亿元人民币的水平。

2023—2024 年，蔚来继续发布新产品，每一个举动的背后，都是金钱燃烧的声音。

在 NIO Day 后的媒体交流会上，李斌宣布了一个看起来颇为激进的目标——2023 年销量超过雷克萨斯。

2022 年 1～11 月，蔚来交付 10.7 万辆新车，同比增长 31.8%，但距年销 15 万辆的预设目标尚有不少距离。过去两年，雷克萨斯的年销量约 22 万辆。这意味着，要实现李斌的目标，蔚来 2023 年的销量要接近翻一番。

李斌还曾“立下 flag”：蔚来要在 2023 年第四季度实现盈亏平衡。但 2022 年前三季度，蔚来已累计亏损近 80 亿元。

在迈入年销 10 万辆的大关后，头部造车新势力的交付增长疲态尽显。蔚来用户的忠诚度，也在蔚来注意力日渐分散和社区逐渐庞大的过程中不断稀释。

抬头高墙难筑，低头护城河渐微，摆在李斌面前的挑战依然艰巨。

文娱

香港娱乐帝国撕下最后的体面

作者 | 青城

当昔日只在荧屏亮相的电视剧明星放下身段，在闹哄哄的直播间里吆喝卖货时，市场给出了极其热切的反馈。

2023 年 3 月 7 日晚，TVB 老戏骨陈豪和当家花旦陈敏之打头阵，靠粤语带货，在淘宝直播首秀拿下了开门红。截至次日零点，“TVB 识货”的直播销售额突破 2350 万元，最高同时在线人数超 3 万，累计观看人次超过 485 万。

这个数据，比“话题女王”张兰的淘宝直播首秀的销售额高出了 130 多万元。

这场直播过后，TVB 的母公司次日股价收涨 85%，打破了上周五刚创下的 51% 的历史最高涨幅纪录。

从 2018 年到 2022 年上半年已连续亏损 4 年多的 TVB，亟须这样一场鼓舞士气的胜利。面对这家拥有丰富艺人资源和无数经典港剧 IP 的电视台，淘宝也给足了排面，在直播首页置顶宣传位推荐，希望能将人气转化为购买力。

自 2022 年以来，TVB 明显加快了北上淘金的步伐。一边是与内地电视台合办综艺，用“情怀牌”唤起观众对香港流行文化的记忆，另一边是布局短视频和直播带货，希望在庞大的新蛋糕上分一杯羹。2023 年，TVB 计划与淘宝合作开展多场电商直播。TVB 将此举定义为“启动电子商贸直播的重大里程碑”，并希望借此获得千万港元收益。

但曾经的情怀有多少能转化为流量，仍是个未知数。台前的风光无限，离不开幕后的家底殷实，煊赫一时的娱乐王朝需要找到新的生机。

靠不了岸的老船

就像一个没落的老派贵族之家，曾经的“全球第一华语商营电视台”TVB（电视广播有限公司，Television Broadcasts Limited）在窘迫之际，连维持表面的体面都很难。

TVB 第一大股东华人文化集团公司董事长兼首席执行官黎瑞刚曾对媒体透露：TVB 的办公室已经 20 多年没有装修过，整个台里只有两个数码话筒。而在内地，一个多频道大台，几十个、上百个数码话筒是基本配置。

时至今日，TVB 的内部工作管理和艺人管理，仍延续过去的“三联单”操作：一张单据，底下垫着两张蓝色油印纸，在正本单据上写字，复印到两张副本单据上，一张给制作部，一张给艺员部，一张给人力资源部，各自回去登记。

就连在极力搭出光鲜架子、努力想赢得声量的几台晚会上，也被眼尖的网友从各种细节上看穿了伪装。

“从没见过一场活动能散发出如此强烈的‘日薄西山’之感……那些在内地红毯已经绝迹了的死亡配色和离奇的丑衣服，都在港岛的红毯成功再就业。”以“毒舌”著称的时尚博主 gogoboi 如此评价 2022 年 TVB 台庆红毯。

对一家昔日的娱乐帝国来说，更糟糕的不体面是舞台上的明星从“天王”“天后”换成了生面孔。他们仍然美貌动人或风度翩翩，但换不来流量，更激不起情绪。

2023 年 1 月 8 日，TVB 一年一度的重头戏“万千星辉颁奖典礼 2022”举行，但获得视帝、视后的陈山聪和江美仪，很多网友“没听说过”，觉得他们看起来“脸生”。虽然相关词条上了不少微博热搜，但排名最高的阅读量不过 1000 多万，与内地动辄破亿的“真热搜”差距不小。

曾经星光熠熠的 TVB，已经很久没有一部足以撑起大台体面的现象级爆款剧了。

2004 年，TVB 制作的《金枝欲孽》登陆湖南卫视，吸引了 2 亿人观看，收视率达 2.82%。这也是 TVB 剧最后的巅峰。

此后近 20 年，TVB 虽时有精品诞生，但影响力已大不如前。

“90 后”广州观众阿义告诉雪豹财经社，TVB 是她童年时的快乐来源，“相当于今天所有的长短视频平台和微信公众号相加”。但她从 2010 年开始便不怎么看 TVB 了，因为“来来回回那几个题材，来来回回地拍一二三四五部，实在是审美疲劳”。

生活在香港的伊芙是内地综艺节目的忠实粉丝。她告诉雪豹财经社，在网上看内地综艺、剧集的香港年轻人不在少数，内地大火的内容基本上也会蔓延至香港。她也与很多内地的年轻人一样，上大学后便很少看电视直播。

一方面，内地影视产业的崛起极大挤压了香港娱乐工业的空间，TVB 制作的剧集、综艺节目在内地市场的份额占比越来越小，推出的流媒体 App“埋堆堆”也未见起色。创意衰退的 TVB 失去了吸引眼球的能力。内地观众会怀念香港黄金时代的 TVB，但却对现今的 TVB 缺乏兴趣。

另一方面，香港 Viu TV、美国 Netflix 也在挑战 TVB 在香港本地的市场地位。李泽楷旗下的 Viu TV 近年来在香港年轻人中人气急速攀升，其通过选秀节目推出的男团 Mirror 堪称香港顶流。

在黎瑞刚口中，TVB 就是“一艘老船，要在大风大浪中续航”，虽然看上去勉强还算体面，但动力系统、零部件需要马上更换。内外夹击，风浪不断，这艘老船既不能停，也靠不了岸。

娱乐帝国兴衰史

在某种程度上，曾统治香港电视界近半个世纪的 TVB，几乎可以和香港娱乐圈画等号。TVB 数十年来的沉浮，也与香港经济的兴衰命运休戚相关。

香港电影业如日中天的 20 世纪 60 年代，商业嗅觉敏锐的邵氏电影公司创始人邵逸夫将投资目标转向刚刚兴起的电视行业。1965 年，当时香港地区发出地面电视牌照，中标者正是邵氏与几大财团合组的香港电视集团。

两年后，TVB 正式开播。

1980 年，年过七旬的邵逸夫成为香港电视集团最大的私人股东，并出任董事局主席。彼时，曾垄断香港电影市场的邵氏影业在竞争中渐趋下风，已逾古稀的邵逸夫决定将事业重心从电影转向电视，由此开启了 TVB 的黄金时代。他所掌舵的娱乐帝国，也从“东方好莱坞”摇身一变成为“全球第一华语商营电视台”。

伴随着香港经济的腾飞，TVB 的影响力几乎渗透到了华人世界的每一个角落。

在香港本地市场，TVB 长期拥有超 80% 的份额。20 世纪八九十年代至 21 世纪初，TVB 推出的年代剧《上海滩》《万水千山总是情》，武侠剧《天龙八部》《射雕英雄传》《神雕侠侣》《鹿鼎记》，刑侦剧《鉴证实录》《陀枪师姐》，商战剧《创世纪》《大时代》，宫廷剧《金枝欲孽》《宫心计》及穿越剧《寻秦记》等，影响了几代观众。

巅峰时期，TVB 在亚洲、大洋洲、南北美洲及欧洲拥有超过 3 亿的家庭户，也是全球唯一一家能够全面覆盖香港地区、澳门地区和内地市场的华语媒体。

发展早期，为解决演艺人才问题，TVB 延续邵氏的明星制理念，创办了“艺员训练班”。训练班毕业的学员会被送到 TVB 的各个岗位，周星驰、梁朝伟、周润发、刘德华、刘嘉玲等，都从这里开始自己的演艺生涯。可以说，这个“艺员训练班”在 20 世纪八九十年代，撑起了香港乃至整个华人演艺圈的半壁江山。

那时，也正是香港经济的黄金时代。

1997 年亚洲金融危机之后，香港的经济衰退持续至 2003 年底，并因“非典”（SARS）的暴发而雪上加霜。“亚洲四小龙”时代结束，TVB 日渐衰落。

2000 年，金融危机余波未散，互联网开始冲击传统的娱乐方式，港剧的生存空间受到挤压，TVB 的盈利状况恶化。

邵逸夫的第二任妻子方逸华出任 TVB 董事局副主席，开始着手改善盈利状况，解决方案包括改革艺人薪酬制度。面对处于垄断地位的平台，艺人并无太多议价能力。在这种极度压缩成本的操作之下，TVB 股价在 2000 年一度创出 85.25 港元历史新高，市值超过 370 亿港元。

2010 年，邵逸夫正式卸任 TVB 行政主席职务，只出任董事局非执行主席。次年，邵逸夫转让股权，TVB 正式告别邵逸夫时代。

差不多在同一时期，内地卫视进入综艺大片时代。浙江卫视的《中国好声音》、湖南卫视的《我是歌手》和《爸爸去哪儿》，影响力扩散至包括香港在内的华人社区。

以“优爱腾”（优酷、爱奇艺、腾讯）为代表的内地流媒体也开始飞速发展，并且不满足于版权采购，开始发力自制。随着互联网巨头的进入，内地影视产业狂飙突进，制作投入不断提升，版权价格水涨船高。

但 TVB 并没有足够的财力和资源跟上时代的浪潮。

财报数据显示，TVB 2015 年全年总收入为 44.55 亿港元，不到内地卫视龙头——湖南卫视当年广告收入的一半，而 TVB 还要承担起多部电视剧和数十档新闻、综艺、科教节目及晚会的制作。内容投入差异所带来的用户迁移很快显现。

“早该投资的，一直没有投资，导致现在严重落后，青黄不接。”黎瑞刚承认，过去 10 年乃至 20 年投资的严重缺乏，是 TVB 存在的一个严峻问题。

无功则过，不改则死

很多研究 TVB 的论文、报道一再提到，TVB 的危机来自它长期的垄断地位。

55 岁的 TVB 陷入如此窘迫的境地，既是因为时代的变迁和外部风雨的侵袭，也源于早已潜伏在内部的危机。因为缺乏有力的竞争者，这个昔日的电视王国从高速前进中松懈下来，变得保守、谨慎，安于维系固有模式。

TVB 最初的发展壮大，离不开邵逸夫在邵氏影业时期便推行的流水线作业。他打造邵氏影城，实行大片厂制度，一手包办制作、发行、上映等环节，实现了电影工业的“垂直整合”。

邵逸夫同样也为 TVB 打造了一套完整的产业闭环——培育明星、制作节目、经营电视台。它既是播出平台，也是制作公司，还包揽艺人经纪业务。通过这个模式，TVB 可以严格控制成本，最大限度地追求利润。

为了提升盈利能力，TVB 将整个制作流程细节化、模板化，只要剧本一出来，其他配套随时准备好可以开机。在数十年发展历程中，TVB 一再强化这种模式和制度。

TVB《壹号皇庭》《天地豪情》编审鲍伟聪在接受《综艺报》采访时表示，港剧成也流水作业，败也流水作业。长年累月在一个工作环境下工作，编剧已经成为一个熟练工种，有创作的套路，虽然编剧想做一些创新，但最后编审修改的时候又删除了。“有些东西反复出现，是因为 TVB 的工作方式还是流水作业，比较传统和保守。”

与此同时，TVB 公司内部的斗争却无比激烈，山头林立，站错队甚至有被雪藏的风险。“拉一派，打一派”是邵逸夫的管理方式，在他看来，企业内部有竞争才能有进步，默许甚至鼓励派系争斗。但“宫心计”式的内斗最终导致内耗。苦于低薪和“山头文化”，不断有艺人和创作人员出走。

在黎瑞刚看来，TVB 这么多年来，本质上就是一个守成心态：只知道省钱，只讲控制成本，不思考战略，没有发展眼光，一路因循守旧，不布局未来。“过去这些年是把利润做出来，表面看起来挺好，股价也不错，但内部已经老化了，衰退了。”只顾眼前，不顾未来，最终的结果是，等到新的大风大浪一来，就会发现原来的动力系统已经完全跟不上了。

相比 20 世纪 80 年代的邵氏，今天的 TVB 处境更加艰难：内地影视工业崛起，华语娱乐中心已从港台转向内地，港剧、香港综艺的市场份额锐减，艺人、导演、编剧、编审纷纷离巢北上。与此同时，Netflix、香港 Viu TV 也在蚕食 TVB 在香港本地的市场。

在影视产业大爆发的背景下，近 10 年，TVB 的收入增长几乎停滞。

2016 年底，TVB 发布了 30 年来首次盈利警告，称预期当年公司年度纯利润较上年下跌 55%～65%，主要原因是香港零售业不景气，导致广告主营销支出下降。

2018—2021 年，TVB 连续 4 年亏损，2022 年上半年亏损 2.24 亿港元。从 2017 年开始，TVB 股价从 30 多港元跌至 2023 年初的 3.8 港元，市值从顶点的 370 亿港元跌了 90% 以上。

正如作家约翰·布鲁克斯所说：“老一代人的失势，部分是由于自己的错，不论在精神上还是在智力上，他们似乎都在走下坡路。[①]”

① 杜博奇：《豪门兴衰：香港商业百年》，浙江大学出版社，2013，第 159 页。

在一次媒体采访中，黎瑞刚再次狠狠地为 TVB 敲响了警钟：不进则退，无功则过，不改则死，TVB 没有时间了。

向北走，向“钱”看

北上淘金，成为 TVB 别无选择的出路。

2023 年，一众 TVB 老牌明星齐聚浙江卫视、优酷与 TVB 联合举办的综艺节目《无限超越班》。这档节目请来了成龙担任召集人，尔冬升、惠英红、吴镇宇担任监制，飞行导师则包括赵雅芝、邓萃雯、汤镇业、许绍雄、张可颐、车保罗等 TVB 老面孔。

节目试图以 TVB 著名的“无线电视艺员训练班”模式对一众演员进行培训。TVB 老戏骨与内地流量明星的碰撞，成为娱乐话题的常客。

过去一年来，TVB 与湖南卫视、浙江卫视分别合作的两档节目《声生不息·港乐季》《无限超越班》大打情怀牌，试图唤起观众对于曾经流行的香港文化的记忆。靠曾志伟“刷脸”，“四大天王”刘德华、郭富城、张学友、黎明也被一一请回，参加 TVB 活动。

55 岁的 TVB 努力想要抓住曾经的筹码，跟上当今娱乐圈发展的步伐，虽然多少显得有些步履蹒跚。

自 2015 年华人文化入股以来，黎瑞刚对 TVB 进行了大刀阔斧的改革，TVB 与内地各大卫视和长视频平台合作增多，逐渐规模化。2015 年，TVB 与企鹅影视联合推出了《使徒行者 2》，2017 年和爱奇艺共同推出了《盲侠大律师》。

2018年春节前后，TVB在内地推出了官方App“埋堆堆”，收录了公司历史上几乎所有的经典剧集。“埋堆堆”的商业模式与“优爱腾”一致，也是“广告+会员收入”，月卡、季卡和年卡价格分别为20元、40元和118元。

2021年初，曾志伟被邀回归TVB管理岗位，主抓综艺业务。TVB还在尝试搭建戏剧制作梯队，未来要形成一个开放的体系，既鼓励内部竞争，也要不断从外部引入活水。

此外，TVB还入驻抖音，尝试靠旗下明星“刷脸”直播带货。目前已开设了3个账号——TVB识货（港式甄选）、TVB识货（香港严选）和TVB识货（美味甄选），截至2022年，累积粉丝数接近100万。据2022年中期业绩数据，TVB电商业务收入由1700万港元同比激增超26倍至4.6亿港元，占集团整体收入的25%。

凭借着几十年间累积的IP与品牌效应，TVB正在试水越来越多的领域。但如果未来不能打造新的爆款，光靠炒冷饭，卖情怀，这艘老船还能在风浪中续航多久？

话题度颇高的综艺《无限超越班》，豆瓣评分仅3.5分，不少网友在评论中对节目的剧本和套路表示反感，甚至将枪口对准了TVB艺人和背后的港娱招牌：“几十年前TVB的表演方式有什么可学的？”“港娱都已经没落了，还有不开眼捧臭脚的。”

被寄予厚望的“埋堆堆”，至今还没有公开披露用户数据。在对这款App的众多一星评价中，夹杂了一条五星好评：这个App存在的价值不在于它是不是一个优秀的影视App，而在于能让你看到一些别的地方看不到的TVB影视作品。

自称“TVB资深粉丝”的王琪也下载了“埋堆堆”，但打开频率越来越低，只是为了满足内心对香港文化的情怀。对她而言，与其他视频网站相比，“埋堆堆”的内容不够有看头。

TVB 还有希望崛起吗？在这个知乎话题下，评论区几乎清一色地回答——不会。

（本文中受访人物均为化名）

爽文被搬上小程序短剧：3 天拍 100 集，45 天赚 1300 万元

作者｜李欣彤

横店影视城，凌晨 3 时，制片人大树的剧组刚刚收工，门口的保安大哥笑嘻嘻地凑过来搭讪。“你们是在拍短剧吧？我最喜欢那玩意儿！”他拿出手机，熟练地点开微信小程序，上下一滑，各式各样的短剧小程序占了两三屏。

一集短剧收费一元。为了在小程序上追剧，这位保安大哥最多的时候一天能充值 600 元。金钱从无数个类似用户的口袋里，源源不断地流向短剧公司。月入百万元甚至千万元的传说，在这个崭新行业的淘金客们之间流传。

大树是短剧的承制方，负责统筹导演、演员、摄影、后期等，把拍好的成片卖给短剧公司。他听说做这门生意能赚大钱，也曾多次旁敲侧击地打听过用户从哪儿来，他们为什么心甘情愿掏钱，但这些问题的答案被视为短剧公司的“核心机密”。

保安大哥捅破了这层神秘的窗户纸：被长期忽略的下沉市场中年男性，正在成为新的财富密码。他们有闲，也有一定的消费能力，对短剧内容的要求不高，更容易被满足。

就像被打了一针兴奋剂，这重新激起了大树一夜暴富的幻梦：“挤破脑袋，我也要进入这个行当。”

当爽文被搬上屏幕

一天豪掷600元刷剧的中年保安大哥爱看什么？热播的小程序短剧《豪门快婿》是一个值得参考的样本。

为了和财阀父亲斗气，穿着华丽的女主角跑到路边，一把拉住准备取餐的外卖员，眼神和语气同样坚定："对！我就是要嫁给他。"毫不起眼的外卖小哥在一旁手足无措，目瞪口呆。

镜头一转，"嫁入"豪门的外卖小哥已经梳起了油头，身边还带着3名保镖。他西装革履地出没于高档西餐厅和豪华KTV，一边摇晃着红酒杯，一边豪掷千金买下上市公司，或者把女主角的高富帅前男友们踩在脚下，泼对方一脸啤酒。

2022年，做过20年传统影视编剧和近4年抖音、快手（简称"抖快"）短剧的王冕，曾花4个月时间看了上千部剧本，总结了一套小程序短剧的"万能公式"：以经典男频网文作参考，故事原型主要有3种——赘婿、都市战神和特种兵，而且一定要有穷人逆袭、豪门落难、重生复仇这3个必备元素。

与《豪门快婿》类似题材的小程序短剧，还有《上门贵婿》《我不仅仅是赘婿》《都市至尊豪婿》《超级赘婿》等。

当"抖快"创作者绞尽脑汁地想击中女性用户的芳心，以保安、外卖员、快递小哥为主角的微信小程序"爽剧"，正在以逆袭、打脸等剧情，让三线及以下城市的中年男性沉迷其中。

大树认真分析过这个群体。10多年前网文风靡的年代，他们是活在爽文世界里的忠实粉丝；年龄渐长，生活变得安逸或无望，他们又试图从逆袭的爽剧中找回自己的乌托邦。过去被忽略的群体和需求，正在酝酿出一个全新的蓝海。

雪豹财经社曾在微信端内搜索“短剧”“剧场”等关键词，有上百个平台提供类似的微短剧观看服务。在一些火爆的剧集中，单集短剧的点赞量和转发量高达几十万。

当爽文被搬上手机屏幕，市场突如其来的火爆，让一批网文公司看到了新机会。短剧公司野象剧场背后是中文在线，墨墨言情网也开始征集小程序短剧的剧本，小红书、贴吧、微信公众号等渠道充斥着它们“重金求本”的帖子。

据雪豹财经社观察，这些剧本单集要求 450 ~ 650 字，对应短剧时长 1 分钟左右。一部剧 100 ~ 200 集不等，动辄数万字甚至 10 多万字的剧本，收上来的价格只需 5000 ~ 10000 元。

“都是洗稿的本子，花点钱买个版权而已。”王冕告诉雪豹财经社，“洗爆款”已经是行业里尽人皆知的秘密，一个剧本他看前几页，就知道洗的是哪部剧。经典男频小说《赘婿》在 2021 年被改编成影视剧爆火后，成了小程序短剧当下最流行的洗稿模板之一。

低价买来剧本，接下来的拍摄环节同样靠外包。

短剧公司通常找扎根横店的影视承制方进行拍摄。“90% 的承制方在拍短剧方面，早就有成熟的工业化流程了。”截至 2022 年，大树做了近 10 年制片人，2021 年开始接“抖快”短剧项目，2022 年下半年则以拍小程序短剧为主。

从拿到剧本到剪辑出成片，“抖快”短剧的拍摄周期通常是 15 天，而小程序短剧两三天就能拍 100 集，一个月能接十几个项目。甲方（短剧公司）对成片质量要求不高，如果说有什么特殊的需求，那就是“总说再 low（低级）一点”。

市场共识是，男频剧的制作成本低，通常只有女频剧的 2/3 甚至更低。

一位在“优爱腾”“抖快”和小程序等多个渠道布局短剧的制片人告诉雪豹财经社，男性用户不太关注演员阵容、服化道、背景音乐、调度等，对特效的要求也不高。“我会把这类短剧制作成本控制在 6 万 ~ 10 万元，只有‘抖快’短剧的 1/10。”

成本低廉、制作粗糙、内容高度雷同的快餐式小程序短剧，如何吸引大批拥趸，成为一门能获取暴利的好生意？

水面下的流量生意

靠熟人带路，大树好不容易进了一家小程序短剧公司。第一次开报告会，他熬夜准备了内容策划案，但发现根本没人聊内容、制作和用户运营，会议主题简单粗暴——投了多少流量，赚了多少钱。

他这才意识到，虽然都叫短剧，但这是两种截然不同的商业模式。

在抖音和快手，短剧创作者主要通过平台分账、接广告和带货变现，但要么天花板太低，要么变现路径太长。一位头部 MCN 创始人向雪豹财经社抱怨，当下短剧创作环境越来越“卷”，80% 的公司赚不到钱。

但微信小程序短剧赚钱，从来都不是靠内容的，而是通过背后隐秘的“操盘手”，做纯粹的流量生意，赚的是快钱。

短剧公司将剧集做成切片，在“抖快”等平台投放信息流广告，用户点击广告后会直接跳转到微信小程序，前 5 ~ 10 集免费观看，后续内容则需要付费，通常是 1 元解锁 1 集，或以用户购买包月 / 包年会员的模式来赚钱。

据王冕了解，收入高的一部小程序短剧 45 天能赚 1300 万元，“后续长尾流量能把收益顶到 2000 万元”。他告诉雪豹财经社，市面上大部分短剧收入达不到千万元级别，但一个月赚一两百万元问题不大。

利用好流量杠杆，是小程序短剧撬动千万收益的关键，而其中最核心的岗位就是投手。他们负责投放广告预算，购买尽可能精准的流量，以促成后续交易。

早在几年前，投手们就已经熟练地从“抖快”的流量池里，揩走一轮又一轮油水。秦萌是其中之一。

2020 年，秦萌是某美妆直播间的副播，一天晚上投手临时请假，她被安排接班。从晚上 12 时到次日早上 9 时，GMV 罕见地达到 170 多万元，是平时的近 6 倍，投流的 ROI（投资回报率）突破 7，是整个公司最高的一次。回忆起自己的投手初体验，她至今觉得像是做梦。

转型做投手这两年来，秦萌就像是蹲在金山旁挖金子的人，眼看着美妆、服装、食品、宠物等矿池接连见底。“抖快”已不再是昔日的流量洼地，但总有人能找到新机会。

2022 年 7 月，抖音打破冰墙，微信小程序可以在抖音投 feed 流[①]广告，用户也可以从抖音直接跳转至微信小程序。微信小游戏

① feed 流即持续更新并呈现给用户的信息流。

“羊了个羊”的爆火，很大程度上是得益于在抖音的精准投流。

渴望一夜暴富的人不约而同地聚到这座新矿周围，秦萌也被这股充斥着利益与欲望的浪潮卷了进来。

“和其他品类比起来，小程序投流还处于红利期，ROI 最高能做到 2。”秦萌告诉雪豹财经社，从她 2022 年 7 月底投放第一部短剧到 12 月，45 天一个回本周期，这部剧已经滚了近 3 轮，ROI 能达到 1.7。“刚开始一个月只有 0.5 左右，不断打磨关键词和用户画像包，手感越来越好，流量越来越精准。”

凭借这个看起来简单的玩法，资金实力雄厚的短剧公司不断滚雪球，赚流量生意的钱。

王冕算了一笔账：一家短剧公司至少要储备 10 部短剧，成本在 100 万元左右，每部短剧预计投放 50 万元的广告费用，算下来启动资金至少得 600 万元，这还不包括小程序的制作成本。在他看来，投得多才能赚得多，上不封顶。

大树则告诉雪豹财经社，他们公司这次做小程序短剧的项目，拿出了 1000 万元。老板常挂在嘴边的一句话是：“只要有钱就往里烧，ROI 做到 1.2 我们就有得赚。”

当暴富的浪潮席卷而来，人们争先恐后地跳了进去，拼命赚快钱。但已经有人注意到，前方开始出现水流湍急的旋涡。

“没见血的刀子”亮出利刃

与“抖快”创作者致力于孵化达人 IP 和打造品牌影响力不同，小程序短剧公司选择的是另一种截然不同的生存哲学：低调谨慎、闷声发大财。

大多数短剧公司会将内容装进不同的小程序，一个小程序的上架剧目通常不到 5 部，只有极少数超过 10 部。以短剧公司南京花笙为例，它旗下有磕瓜、蜗牛、灿烂、热水、宝藏、大海短剧等数十个小程序。

同一家公司的不同小程序，产品形态几乎完全一致，部分小程序连上架的剧集内容也没有任何差异。剧集播放页面没有弹幕、评论等互动方式，小程序下方虽然设有推荐短剧、短剧排行、最新短剧等入口，但点进去往往是一片空白。

王冕告诉雪豹财经社，短剧公司之所以“克隆”多个小程序但又疏于运营，一是为了通过多渠道赚多份钱，二是因为行业封号的风险高，不得不把鸡蛋分散到更多篮子里。

“小程序都是套模板做出来的，一两万元就能做一个。自己的小程序，想让用户看到什么数据，后台直接刷就可以。”

即便是同一个公司的小程序，会员体系和付费体系也是各自独立，互不相通的。小程序内设置了观看、签到、点赞、分享等任务，用户可以通过完成任务来获取金币，并用金币解锁更多短剧内容。这套社交裂变玩法，和拼多多早期抢占下沉市场时的做法如出一辙。

王冕曾经因为用户和同行的举报被封过两个账号，但在小程序短剧这个新兴行业，被举报封号连绊脚石都算不上，真正的风险在于监管。

截至 2022 年 12 月，在“优爱腾”和“抖快”播出的短剧，都需要在国家广播电视总局进行备案，而小程序短剧仍然游走在“法外之地”。

2022 年 11 月 25 日，腾讯官方内容安全沟通平台发布《关于进一步规范小程序“微短剧”类内容的公告》，对短剧小程序中的违规内容持续治理，还封禁、下架了至少 30 个小程序。

游戏规则随时可能变化，小程序短剧早期的鱼龙混杂也必将终结，但至少眼下，整个行业仍沉浸在赚快钱的快感中。

“谁会为了一把没见血的刀子，提前抽出捞钱的手呢？”大树心里很清楚，老板赚钱的根基还是在“抖快”，来小程序做短剧，只是想在草莽时代“干一票就跑”。

但王冕在赚快钱的同时，还是于混乱中窥探到了一线希望。

10 多年前，网文平台靠类似的流量玩法和推广路线野蛮生长，但最终走向规范化和精品化。10 年前，网络大电影粗制滥造，几万元就能拍一部，如今制作成本已达到百万量级。现在看起来“low”的小程序短剧，同样可能有继续做大做精的空间。

在王冕看来，重拳整治是在洗走行业的不良风气，为像他这样的“正规军”铺路。“未来小程序短剧的业态一定越来越繁荣。”后来，他从总公司调来专门的运营人员，打算利用微信的社交环境把私域做好，“以后也许能做做电商”。

一夜暴富的故事仍在流传，但通往财富的道路已经开始变得崎岖。当风暴将至、泡影幻灭，会有人坚持到终点吗？

（文中受访人物均为化名）

游戏

暴雪关停 30 天：宇宙坍塌，何以为家

作者 | 闫学功

《炉石传说》关服前一周，有 100 多万粉丝的主播春哥宣告自己失业，直播平台的工资也拿不到了。开播 7 年多，他从没想过会以这种方式离开。

春哥将卡里仅剩的 11754 元拿出来给粉丝抽奖，“给直播生涯画个不美好的句号”，开奖日期定在关服当天（2023 年 1 月 24 日）。之后，“炉石春哥”改名“春哥再就业”。

网易和暴雪的谈判破裂，引发了游戏史上最大规模的停服。

资本碰撞的余波，撞碎了艾泽拉斯大陆和炉石酒馆，部落与联盟的冲突也已不再重要。随着几乎所有的暴雪游戏退出中国①，数百万玩家失去了自己的乌托邦，他们愤怒、哀号、伤感，用文字祭奠自己的青春。

像春哥这样以魔兽系游戏为生的主播和职业玩家们，经济损失能清楚地计算出来。他们看不清未来的出路，倍感惶恐和迷茫，但他们无暇伤感，寻找新的虚拟与现实世界的连接点才是眼下最迫切的事。

① 编者注：截至 2023 年 2 月，仅剩双方共同开发的《暗黑破坏神：不朽》还在运营。

主播失业

2023 年 1 月 24 日，游戏《魔兽世界》正式停服，但汪凯源几个月前就很难再吃上“魔兽”这碗饭了。

2022 年 11 月中旬的一天下午，汪凯源像往常一样直播《魔兽世界》。作为主力和队长，他一边通过耳机大声指挥几十个在线的队友，一边用手指连续敲击键盘、快速移动身影，吸引大 BOSS 的火力。

突然，弹幕上的“666”开始被“暴雪跑了”“要失业了”所代替。他瞥了一眼，有些疑惑，一个不留神，差点被 BOSS 击杀，耳机里随即传来队友们的指责。他定了定神，匆匆打完这一局。顾不上像往常一样炫耀胜利的荣誉，汪凯源打开网页，看到了暴雪和网易不再续约的新闻。

他一把摘下耳机，靠在椅背上愣了一会儿，才继续回到游戏中厮杀，但他心不在焉，频频失误。他往常直播到晚上 10 时，这天却以身体不舒服为由，在晚上 7 时就早早下播了。

确认了消息的真实性后，汪凯源掐着指头算了半天，自己的主播生涯只剩 70 天了。但他与平台的合约还有半年之久，平台安抚他，“主播收入不会受到影响”，汪凯源将信将疑。

随后几天，在论坛、贴吧、微博热搜上，事情发酵的速度远超他的预料：《魔兽世界》的热度就像 10 多年前刚进入国内一样火爆，但人们讨论的不是玩法，而是即将到来的告别。

汪凯源比一般玩家更能理解“魔兽不只是游戏”这句话。作为拥有大几万粉丝的主播，算上礼物打赏和平台的基础工资，他能拥有一份比老家白领高不少的体面收入，这是用 10 多年磨炼的技术一点点打拼出来的，停服就意味着丢了饭碗："一款玩不了的游戏，能有多少人愿意看它的直播？"

还没等到停服，汪凯源直播间的用户数量就骤降 2/3，收入也缩水近半。

得知即将停服后，春哥被直播平台告知，前几个月的工资都拿不到了，理由是"人气不达标"——虽然 2022 年 12 月，他的人气在整个平台排第 93 名。更让他哭笑不得的是，由于合同未到期，他甚至没有选择停播的权利。平台方告知他，停播就是违约，会被起诉，他只能不拿一分钱随缘直播。

早在 2022 年 10 月，炉石主播李桐就听说暴雪要彻底撤出中国，但他还一直抱有希望。"这么大体量的玩家群体和这么多经典的游戏，暴雪和网易应该都不敢轻易放弃。"

希望很快破灭了。随着两家游戏巨头频频"互撕"，讨论分手的人越来越多，看直播的人越来越少。

在网易微信公众号官宣分手的公告评论区，一些心灰意冷的玩家留下了自己的账号和密码，挂在网上送人。

李桐家住辽宁，冬日的清晨，偶尔会出现"雷打雪"（下雪的时候打雷）的天气现象。老人们说，这是要下大暴雪的征兆。在李桐看来，网上关于暴雪游戏的热搜就是一个前兆：百万普通玩家和职业玩家们都将一无所有。

工作室"团灭"

庞大的魔兽系虚拟宇宙交织着数十个种族、职业的爱恨情仇。

而在现实世界，10 多款游戏进入中国 20 多年，已逐渐形成了围绕魔兽的商业生态群。

靠魔兽系游戏为生的人大体有两种——主播和代练。前者光鲜亮丽，有不菲的薪水和数量庞大的粉丝。后者数量更多，主要是帮玩家练级、打装备、刷成就。

田卫的《魔兽世界》工作室在头部之列，巅峰时期有 150 多名代练“打手”，每月流水近千万元，到手能赚百万元以上。但后来，田卫陆续遣散代练，大量闲置电脑被他挂在闲鱼上出售。

“游戏没了，我们生存的土壤就没了，等于被连根拔了。”田卫的工作室只有不到 10 个人，靠接一些外服的代练单子养活自己，但“远远不够”。

“魔兽世界”关服后，不少玩家涌入亚服，田卫也随即推出了相应的代练服务，但他很快发现，“绝大部分玩家只是来体验一下，没多少人长久留下，更不用说花钱了”。

资深《魔兽世界》玩家王绛就是不愿去外服的玩家之一，原因是“沉没成本太高了”。去新的服务器，等级、成就、装备都要重新获取，等于一切从头来过。“太费时间和精力了，找代练的话，不是自己亲手打的江山，总缺少一种感觉。”

在《魔兽世界》关停前，玩家可以把游戏数据保存下来，这被玩家称作“电子骨灰盒”。王绛把自己的角色放入“骨灰盒”时，看着十多年的心血只有“轻轻的”几十 KB（千字节），他犹豫了，最终没有保存，并决定不再回来。

即使有一些玩家愿意换服从头再来，游戏工作室接单的质量也会大打折扣。

据田卫介绍，工作室接单分为高端和低端，低端是基础的练级、刷成就，“客单价很低，也就赚个辛苦钱”。高端的是刷高级副本、稀有坐骑等，对工作室团队的实力要求很高。“一个专业的高级副本团队，需要几十个高级玩家外加熟练的配合，还要有好装备。”这些在新的服务器内不是短期能凑到的。

田卫转移阵地、继续老本行的梦想，就这样被撞破了。

收入骤降到几乎是零，田卫不得不逐渐解散工作室，员工随时可以走，走时还可以把电脑带走。“目前接单更多是为了耗时间，要清理设备，等房租到期。”

实力相对薄弱的小工作室，甚至没能熬到关服那天。李涛原本有一个十几个人的小型工作室，主要做一些低端代练，俗称“搬砖”。“怀旧服刚开的时候还有点热度，一个月能赚几万元，听说游戏都要没了，就立马准备不干了。”

2022 年 12 月底，李涛早早关门大吉。他算过一笔账，刨去人员、设备、房租、水电等开支，一个月下来也就盈利两三万元。如果“跑得慢了”，多交一个月房租，他可能还得亏钱。

2023 年 1 月 24 日，大年初二，李涛难得以玩家身份登上了账号，走到游戏中东部王国大陆最北部的永歌森林，找了一片宁静的地方躺下，当作自己的“墓地”。直到关服倒计时结束，游戏被强制退回到主界面。

他顺手打开曾经的工作室微信群，想发个红包，这才想起，里面已经只剩他一个人。

最受伤的人

数量庞大的玩家们在各大社交平台宣泄不满，指责暴雪的傲慢。

在网易的停服声明下，单字留言“顶”“强”“硬”被点赞数千次。在玩家们看来，自己10多年的回忆被吞噬，“连一点念想都不给留，就这么没了”。

靠玩游戏谋生的职业玩家更是经历了切肤之痛。

沈文告诉雪豹财经社，他学历不高，在四线城市的老家找不到好工作，于是靠做《魔兽世界》代练为生。因为技术一般，他只能以“搬砖”为生，但也足够养活自己。“一个月赚四五千元，在我们老家算高收入了，在自己家就能干，还不受风吹雨打。”

但2022年12月初，他突然被老板通知“工作室不干了”，随即便被移出群聊。

工作室是每单结算，没有社保，没有合同，一两句话之间，沈文就失业了。“当时有些慌，听说是大年初二关服，还以为能干到过年呢。”失业后无事可做，有朋友推荐他去当“野代”，自己接单自己赚钱，但他觉得“听起来就很难”。

“确实不好干，停服后更难了。”40岁的“野代”宋鹏对雪豹财经社感慨道。游戏内，他是帮人练级的“鹏叔”；游戏外，他是靠《魔兽世界》养家的丈夫和父亲。

宋鹏早期是一名高级玩家，被工作室邀请去做高级副本的团员，10多年前就赚到了近2万元的月薪，被身边不少人视为偶像。“那时游戏热度很高，很赚钱，还有名声。”

但随着游戏热度下降，宋鹏的收入也逐渐减少。2008 年底，暴雪官宣《魔兽世界》付费玩家超过 1150 万人，到 2015 年最后一次公布数据时，这一数字已骤降至 550 万。为了稳住旗下最大的 IP，暴雪想了不少办法，从 2016 年开始改变按小时计费的方式，推出了价格更优惠的月卡，但仍难见起色。

为保证收入，宋鹏从高端团跳到了更容易接单的低端工作室，后来工作室解散了，他就自己干。这次国服停服的消息一出，他的订单量断崖式下降，很多老主顾直接告诉他："这是最后一次找你了。"

宋鹏八成以上收入靠的是稳定复购的老主顾，这部分客户的流失，让他的个体户生意摇摇欲坠。妻子的埋怨和女儿的花销，让他有点喘不过气。

更残酷的新世界

魔兽的世界，处处有危机：群山下的大蜘蛛、黑海岸边的多头蛇、性格暴戾的终极 BOSS，它们时刻都在提醒你，这是一段充满危险的旅途。

对面临转型的职业玩家而言，游戏外的新世界更加残酷。

田卫认定，去外服不是一门好生意，他决定至此了断跟魔兽的情缘。所幸这么多年他积蓄颇丰，有资本花时间寻找下一条出路。

炉石大主播"安德罗妮"发布了一则下岗送外卖的博文，照片中，他身穿美团工作服向镜头比着大拇指，但此举受到众多网友和主播的"怒喷"。

粉丝数不到 1 万的新晋炉石主播曹冰对雪豹财经社抱怨："这种级别的大主播只是炒作而已，以他们的粉丝体量和积累的财富，根本不愁吃穿，我们这群小主播才是真正失业的人。"坊间传闻，2016 年安德罗妮跳槽平台，转会费开出上亿元天价。

一家游戏 MCN 负责人吹雪告诉雪豹财经社："停服风波对头部大主播影响有限，他们的个人 IP 已不再与单款游戏捆绑，靠接其他游戏厂商的广告就能得到高额的商业回报。"

春哥的再就业之路是去 B 站（哔哩哔哩视频弹幕网站）做游戏解说视频，但在起步阶段成效平平。虽然保持着高频的节目更新，但他的粉丝总量不到 9 万，视频平均点击量不到 1 万，流量最高的还是调侃自己失业的视频。

像曹冰这样的技术型小主播转型更难，"我们在一个游戏上投入大量的时间和精力，到别的游戏要从头再来。更重要的是游戏天赋，你可能打炉石很厉害，但其他游戏压根玩不明白"。

曹冰仍在外服坚持直播，他不忍放弃辛苦数年积攒的粉丝，但观众的持续流失让他陷入两难境地。

汪凯源也在琢磨出路。"现在只能是试试，什么游戏火就播什么，但这种蹭热度的方式不长久，要么会玩梗，要么有技术，都不是一时半会儿能练出来的。"

代练们大都放弃了游戏。"为了家，得赶紧找份工作。送外卖、送快递，只要赚钱，干什么都行。"宋鹏告诉雪豹财经社。

沈文离开家乡到北京谋生，在游戏中训练出的手速，被用来更新简历、刷招聘启事，但一天下来往往毫无所获。"我也不知道能干点儿啥，实在不行去工地也行，在哪儿搬砖都一样。"

他习惯在打完魔兽副本后到阳台抽烟。阳台和游戏一样，都能给他片刻的避世感，“这一刻世界是自己的”。

如今魔兽没了，合租的次卧也没有阳台，沈文只能推开窗户，点上一根烟。深夜的北京东六环很静，扑面而来的只有寒风。

（除“春哥”外，文中受访人物均为化名）

一张天价显卡，难倒1000万个江湖梦

作者｜闫学功

DIY（do-it-yourself，自己动手）装机玩家刘文轩想升级电脑很久了，但一想到快被炒上天的显卡价格，便不得不望而却步。“一个流水线上的、每两年就换代的电子产品居然能成为理财产品，这本身就极不合理。”他抱怨道。

像刘文轩一样满肚子怨言、苦显卡久矣的中国游戏玩家不在少数。据市场调研机构JPR的一份报告，2021年全球独立显卡出货量超5000万，几乎被英伟达和AMD“包圆”了，而中国市场的收入占两大厂商的25%，这意味着国内每年新增的独立显卡购买量达到了千万级别的规模。

在近几年的加密货币热潮中，可以用于挖矿的显卡价格暴涨。发行两三年的显卡，价格可以翻两三倍。2020年发行的3060ti显卡首发价不到3000元，曾被炒到上万元。截至2022年10月底，主流渠道的价格仍普遍在3200元以上。

被扭曲的显卡价格背后，是一场由厂商、矿主（购买大量显卡牟利的人）、二道贩子和玩家共同参与的博弈游戏。

2022年9月中旬，以太坊[①]（市值仅次于比特币的主流加密货

---

① 以太坊是一个开源的有智能合约功能的公共区块链平台，通过其专用加密货币以太币（ETH）提供去中心化的以太坊虚拟机来处理点对点合约。

币公司）不再支持以显卡算力获得收益，加之加密货币市场大跌引发显卡泡沫破裂，显卡价格开始以肉眼可见的速度下降。但由于矿主和黄牛的人为干预，价格仍未达到玩家预期。

显卡江湖仍然暗流涌动，谁能在这场多方博弈中笑到最后？

没吹响的胜利号角

“兄弟们，胜利的号角已经吹响！”2022 年 9 月 15 日下午 2 时 44 分，DIY 装机玩家群群主李涵坤兴奋地发了这样一句话。

当天是以太坊宣布合并的日子。从这天开始，以太币不能再用显卡算力来获得，这意味着显卡价格有望回落。近 400 名装机玩家聚集在这个群里，正是为了等待和见证这一时刻。

李涵坤每天都会在群里提供各种主流显卡在电商平台的价格，为群友们提供“抄底”显卡的建议。以 3060ti 为例，其价格在京东和淘宝稳定在 3000 元上下，但闲鱼上的价格已从 1800 元降至约 1300 元。

“再等等！ 800 元以下才值得购买！”李涵坤不忘提醒群友们。

过去两年来，原本两年一换代的显卡价格日益高涨，以至于普通消费者不得不苦等抄底机会。

“主要还是矿主们炒起来的。”拥有 8 年挖矿经历的马涛告诉雪豹财经社。从 2020 年底开始，加密货币价格暴涨，一枚以太币从 750 美元左右涨至 2021 年末的 4892 美元，不少矿老板从中看到了商机。

据马涛介绍，除了币圈玩家互相交易外，还有一种渠道叫“挖矿”，即利用显卡算力来获得加密货币。如果将以太坊比作一座矿山，那么显卡就是矿工，性能越好的显卡力气越大、经验越丰富，可以挖到更多的矿，收益也就更大。

以太币的挖矿条件不像比特币那么苛刻，用普通的民用显卡就可以挖矿，收益又比小众币种高，因此成了矿老板们的心头好。

矿老板是购买大量显卡来挖矿牟利的人群。“他们的生产工具可不是普通一台电脑、一张显卡，而是可以插 6～12 张显卡的‘矿机’。”马涛告诉雪豹财经社，能被称为矿老板的至少有几十台矿机，有的大型矿场甚至拥有上万张显卡。

加密货币价格疯涨之际，矿老板们趁机出手大量购买显卡，以至于显卡供不应求，价格高企。

“2021 年初，有不少矿主每张加价 2000～4000 元购买 30 系显卡。”某显卡经销商告诉雪豹财经社，“他们的采购量很大，动辄大几百张起步，很难拒绝对方。”有时为了优先满足矿主的需求，经销商们甚至会将普通用户预订的显卡退掉。

2020 年 10 月，英伟达 CEO 黄仁勋曾公开表示，显卡断货并非因为供应链问题，而是供不应求。国盛证券在一份研报中估计，用于挖矿的显卡至少有 2600 多万张。2021 年，全球独立显卡出货量为 5000 万张。

由于币价疯涨，挖矿在很长一段时间内，是一桩稳赚不赔的生意。

2021 年，一张显卡挖矿一天能赚 60～70 元，矿主如果花 7000 元购入一张原价 3000 元的 3060ti 显卡，100 天左右就能回本，稳赚不赔。据 TechWeb 的一篇报道，四川某矿场拥有 21 万台矿机，一天收益就在 6300 万元左右。

2020 年和 2021 年，占独立显卡市场八成份额的英伟达，净利润分别增长了 55% 和 125%。

然而，暴利的显卡生意，肥了矿主和厂商，却苦了普通玩家。

因为显卡价格畸高，刘文轩升级电脑的计划已搁置了一年多。“再怎么精打细算，显卡都要占一台电脑成本的五六成，这太不合理了。”

显卡不再是生产力工具之后，玩家们满怀信心地期待显卡降到“白菜价”，却发现各个渠道的显卡价格并没有明显松动。李涵坤告诉雪豹财经社，显卡价格确实有所下降，只是并未下降到玩家满意的心理价位。

李涵坤期待的胜利还没有到来，对陷入迷茫的玩家而言，这会是黎明前的黑暗吗？

黄牛殊死一搏

为了保住自己盘中的奶酪，矿主、黄牛和经销商们拼尽全力，试图维持主流渠道的显卡价格不降。

2022 年 3 月，以太坊即将不能挖矿已成定局，以太币价格暴跌，如果算上显卡和电费成本，挖矿的利润极低，甚至会面临亏损。矿主们开始抛售手中的矿卡，二手市场的显卡价格开始下降。

但无论是在二手市场还是主流渠道，显卡价格下降一段时间后出现了横盘，也就是小幅震荡，涨不上去也跌不下来。据李涵坤分析，二手显卡价格下降不明显，主要是因为矿主惜售和黄牛人为干预，试图从中获利。

一方面，进场早的大矿主们早已在挖矿热中赚得盆满钵满，二手显卡无论如何降价，他们都不会亏损。但本着“多卖一分是一分”的理念，部分矿主将货捂在手中，不着急出，以至于二手显卡价格居高不下。

另一方面，体量大的矿主很少在二手市场与用户直接对接，黄牛则看准时机大量接手，再加价卖给用户。

在矿主大量撤离的早期，部分黄牛就以极低的价格，从矿主手中接手了大量二手矿卡。一位显卡黄牛向雪豹财经社透露，2022 年 3 月中旬，他以不超过 700 元的价格收购了一批二手 3060ti 显卡，转手就以 2000 元一张的价格卖了出去。

在京东、淘宝等主流一手渠道，经销商们也早已习惯显卡市场的高溢价，自然不会一口气将手中的囤货价格降至冰点。用李涵坤的话说：“这些经销商早就被暴涨的价格惯坏了。”

更何况，作为市场的有力推动者，经销商们手中的显卡定价策略主要锚定新卡价格。2022 年 9 月 20 日，英伟达发布的最新 40 系显卡起售价高达 7200 元。这意味着，经销商手中的旧卡仍然有市场，截至 2022 年 10 月，30 系显卡价格与两年前差别不大，甚至高于首发价。

千万数量级的旧显卡流入市场，每一张都在和新的 40 系显卡抢市场。正如李涵坤所说，“只要 30 系显卡肯以低价卖，仍然会对 40 系产生降维打击”，新卡价格届时也会下降。这显然不是刚推出新卡的英伟达 CEO 黄仁勋愿意看到的，对新卡的限价策略也在一定程度上稳定了旧显卡的价格。

攻守之势易也

面对居高不下的显卡价格，有人咬牙购买高价显卡，有人趁机捡漏，但更多人选择继续等待。

等不及显卡价格彻底崩盘而高位接盘的玩家，被称为“下山党”，他们大多是因工作不得不尽快购买。一些下山党会在贴吧或B站直播“下山”，目的是邀请观众一起见证购买的显卡成色如何。

“市面上充斥着矿卡，买显卡简直就是在开盲盒。”2022年小易在淘宝上花2900元左右购买了某厂家的3060ti显卡，并在贴吧直播了整个过程。他自认为没有翻车，但评论区仍有不少人表示担心。

矿卡就是指挖过矿的显卡。挖矿是一项24小时不间断的“007式”工作，超负荷的工作严重透支着显卡寿命，风扇、显存、芯片等均会受到一定程度的损伤。玩家如果不小心买到了矿卡，有很大概率会出现花屏、死机等情况。

马涛告诉雪豹财经社，不少黄牛收购矿卡后，都会用专业的洗板水（电路板清洁剂）进行清理，有的还会换上新风扇，外观与新卡别无二致。一些不良商家甚至会以次充好，将矿卡当新卡售卖。

不怕遇到矿卡甚至专门奔着低价矿卡去的玩家则被称为“垃圾佬”。

“我们垃圾佬不怕矿卡，只怕披着新卡价格的矿卡。”在资深垃圾佬张齐看来，矿卡只要大方承认自己是矿卡，并且价格合理，并非不能购买。他曾花800元购买了一张3060显卡，攒一台电脑总共花了不到2000元，目前看起来一切正常，任何主流游戏都能跑，“值了”。

同类显卡在闲鱼通常售价为 1200 元，淘宝价格则高于 1600 元。

不过，张齐并不建议其他玩家效仿他，因为“这本质上就是一种赌博”，他也曾在购买矿卡过程中多次“翻车”。

像李涵坤这样持币观望的“等等党”，是 DIY 装机玩家中最大的群体。

“我们虽然只是‘臭打游戏的’，但团结和耐心是我们制胜的法宝。”李涵坤一边在群里为众人加油打气，一边四处科普矿卡的危害和二道贩子牟利的行为，“所有显卡你都当矿卡处理，不跌到心目中的理想价格区间就不出手，贩子们早晚崩盘。”

“你不买，我不买，明天还能降两百。”这句在玩家圈中流传的戏言正在成为现实写照，“等等党”的终极目标，是让囤积大量显卡牟利的黄牛们赔钱。

李涵坤预测，这一天不会太远。

随着以太坊这座金矿的轰然倒塌，显卡的属性正从造富工具回归到普通电子产品，价格也势必回归正常。在这场矿主和黄牛垂死挣扎的博弈中，玩家手中的钞票，才是牌桌上最有分量的筹码。

“从今天起，攻守之势易也。”以太坊宣布合并那天，李涵坤修改了群公告，他坚信自己需要的只是耐心。只是没人知道，胜利究竟何时到来。

（文中受访人物均为化名）

CHAPTER 3

第三章　个人与时代

我在 Soul 寻找灵魂伴侣，却遇到了“颜控”“杀猪盘”和搭讪艺术家

作者 | 闫学功

奔赴港交所，冲击 IPO，成为 Soul 最后的灵魂救赎，尽管这不是最好的时机。

截至 2022 年 7 月，Soul 成立 6 年，月活（月活跃用户）3160 万，略高于探探的 2560 万，又远低于陌陌的 1.1 亿。陌生人社交赛道集体式微，嗅觉敏锐又异常势利的互联网圈，不会向第二名投以青眼。自 2019 年起 3 年累亏 22 亿元，意味着它至今没有摸索出通往盈利的道路。资本市场期待新故事，但 Soul 选择的元宇宙，听起来噱头大于落地的可能性。

和绝大多数陌生人社交软件不同，令其突出重围也备受争议的是 Soul 被冠以灵魂之名的兴趣社交。用 Q 版动漫人物做头像，视频时用户的脸也会被动漫形象头套挡住，以去中心化的匹配机制取代常见的同城交友模式。

这是一款略显纠结和拧巴的社交软件。

它想撕掉陌生人社交平台最常见的猎艳标签，打造一个相对纯粹的兴趣社区，但用户仍然在上面寻找或长或短的浪漫关系。它试图藏起略显肤浅的颜值评判，取而代之以灵魂的碰撞，但广场照片上涌动的荷尔蒙和随机响起的恋爱铃，仍然有莫大的吸引力。

Soul 的落寞或许在于，它试图颠覆过去饱受诟病的陌生人社

交，但又无法摆脱它的滋养和桎梏。

每天有 930 万 Soulers（Soul 用户的统称）在 Soul 上寻找灵魂伴侣，但由于 Soul 的特殊机制，这一过程犹如开盲盒。有人想谈一场甜甜的恋爱，却意外撞上了“女装大佬”；有人以为遇到了灵魂伴侣，却因为长相被现实打败。教人搭讪的猎手们在这里如鱼得水，“杀猪盘”的骗子们把真实目的掩藏在重重伪装之下，陪伴 Soul 成长的老用户，则遗憾地发现曾经的灵魂净土沾染了铜臭味。

好看的皮囊无处寻觅，有趣的灵魂可能是个骗局。很多人慕名而来，失望而去。他们在 Soul 上面经历了怎样的故事，又有怎样的体悟和感受?

雪豹财经社与一些 Soulers 聊了聊，以下是他们的自述（经编辑整理）。

“以为找到了 soulmate（知己），结果被骗了 6 万元”

李诗萍，女，29 岁

职业：会计

Soul 龄：325 天

幽默、健谈、可靠，在 Soul 上面遇到的他，几乎满足了我对 soulmate 的一切想象。我庆幸自己拥有了一场天时、地利、人和的幸运恋爱，谁知背后竟是一场精心谋划的骗局。

那是在一个夏天的午后，我搞定半年报表后松了一口气，又感觉有些百无聊赖，于是打开 Soul 开始刷广场（类似去中心化的朋友圈）。偶尔看到几对晒出结婚证的情侣，我会心一笑，随手点个赞，心里期待着属于自己的爱情。

于是，我顺手发了个“瞬间（Soul 上的动态）”：“在银河中找到他，我的他不会掉河里淹死了吧？”很快，我就听到了私信的提示音。

“我把你 228 条‘瞬间’都看完了，你是个有趣的姑娘。”他的开场白迅速吸引了我，再加上照片里修长的身材、良好的衣品，他给我的感觉是个生活考究的男人。

从偶尔对话到经常聊天，再到线下见面，我们很快确定了恋爱关系。他在约会时表现得很大方，总是趁我不注意悄悄买单，我想回请都找不到机会。这更让我觉得靠谱。

有一天，他很神秘地说要送我一件礼物，结果是一张博彩软件的截图，用户名叫“love 诗萍”。他把这个账号作为礼物送给了我，密码是我的生日，还帮我往账户里充了 2 万元，让我没事时消遣。重点是：赢了算我的，输了算他的。

当时，我对这个套路满满的局竟然没有起疑心，只是觉得让他花钱实在不好意思，也一直没敢动上面的钱。但他总是催促，还手把手教我如何押注。在他的指导下，我第一天只花了半小时，账户上就多了 6000 元。

这种方式来钱太快了。从那以后，他总是教我在博彩软件上“赚钱”，我也在他的怂恿下前后充值了近 6 万元。

账户上累积的余额达到 20 万元时，“收网”的时刻到了。他让我提现，我试了一下发现被软件拒绝，账户也显示被冻结。他告诉我账户被冻结了，要交提现金额的 30% 作为手续费才能解冻。我一算，这又是 6 万元。

这时我才意识到，自己可能上当了，遇到了“杀猪盘”。在我的连环质问下，他拉黑了我所有的联系方式。我赶紧报警，但到现在还没有抓到人。

Soul 是我用过的最贵的交友软件，“会费”是 6 万元人民币，以及深入灵魂的痛。

“曾经的灵魂净土，如今充满了铜臭味”

赵明颖，女，34 岁

职业：设计师

Soul 龄：1811 天

我是 Soul 的骨灰级玩家，5 年来一路见证了 Soul 的成长。但对我来说，曾经的灵魂净土，如今已充满了铜臭味。

我最开始知道 Soul 是在知乎上。当时，Soul 在知乎上投放广告的力度很大，刷问答时经常能看到 Soul 的广告。Soul 最早的一批用户有不少是从知乎上转过来的，他们也为 Soul 最初的调性做了铺垫——文艺、青春、知性。

那是 Soul 最好的时代，我至今仍在怀念。

早期的广场上充斥着各种各样的段子手，有人写诗、谱曲，有人晒自己的摄影作品，还会出详细的教程，参数、角度、镜头都写得清清楚楚。我经常一刷就是一天，从他们的视角看到更广阔的世界，体会不一样的人生。

Soul 还会定期从广场上挑选优质的摄影作品作为开屏图片，在图片右下角写上创作者的名字。这个小小的举动，引发了一阵全民摄影的浪潮。

那时的 Soul，人不多，但很可爱，经常能找到志同道合的小伙伴。我可以跟 Soul 上面的朋友为一本书、一句诗彻夜讨论，忘记了时间，直到手机耗光电量；也可以将一段关系从线上延伸到线下，成为“死党”，参加小众爱好者聚会。有人在Soul上面找到了一生的伴侣，不少人戏称Soul为“民政局”。平台也很会搞事情，真的出了个固定话题，叫“Soul民政局”。

但随着时间的推移，Soul上面的人越来越多，商业化的痕迹也越来越重。

想跟人聊天，弹出来的首先是送礼物的界面。点击进去后，Soul贴心地将花呗付款链接直接附在下面。想知道谁看了你的瞬间，要花钱。想更准确地匹配同城的Souler，要花钱。就连聊天发个表情包，都要花钱。

我甚至觉得，Soul现在的全拼应该是“q-i-a-n”。

这已经成为Soul劝退用户的原因之一。我身边不少朋友将Soul当成了交友软件，但都无一例外地离开了。在他们看来，向陌生用户打招呼、同城匹配等别的软件可以轻松免费做到的事情，在这里都需要付费，那还留下来干什么？

像我这样只想把这里当作树洞的古早玩家，也已被不胜其烦的骚扰逼得所剩无几。早期人们互相打招呼的原因，往往是看了对方的某个瞬间，想进一步探讨。而现在，“约吗”“看看脚”等打擦边球或低俗的打招呼方式，充斥着号称“灵魂社交”的Soul。

玩Soul这5年来，我见证了不少离别。

一个Soul龄2000天的朋友临走时告诉我，她要走了，因为这里太嘈杂，以后想找树洞的话，可以发仅自己可见的微信朋友圈。5年半以前，她就是为了分享那些不便在朋友圈展示的喜怒哀乐，才来到Soul，没想到如今兜兜转转又回到了原点。

看到自己辛辛苦苦写的文案，还不如小姐姐晒马甲线、小哥哥晒方向盘获赞多，我也无数次想过离开。但反复卸载和重新安装之后，我最终还是留了下来，只是几乎不再上线。

留个念想吧，人类的灵魂本就难以安放。我这样告诉自己。

“教人与妹子搭讪，月入 3 万”

舵手，男，32 岁

职业：情感导师

Soul 龄：3 年以上

我教人如何在 Soul 上搭讪女生，学费 999 元，一个月保底有 30 个学员报名。人们通常叫我情感导师，但我更喜欢自称搭讪艺术家。不看脸的 Soul，是我最好的课堂。

我有一套完整的搭讪课程，包括如何展示更好的基本面（修饰瞬间），如何迅速向女生展示你的优点，如何根据她们的话来进行回复，从而显得你更加有趣。最终目的是让妹子迷恋上你，从而获得爱情。

也有人认为这些教学内容太过于基础，因此我还有更高级的课程（1999 元），会从头到脚地帮学员进行包装，连穿搭都是量身定制的。

过去，我的主战场在探探和陌陌，但学员总是认为自己的外形不好，学这个也没用。而在 Soul 上面，交友不用以貌取人，我这套注重心理沟通的方法对学员的帮助更大。再加上 Soul 的女性用户很多是文艺青年，容易被文字吸引，因此我的恋爱方法论在 Soul 上的成功率更高。

总而言之，Soul 具备做好我这门生意需要的一切先决条件。

我会在各个地方打广告，有时也利用小号搭讪，在 Soul 上晒出女生主动找我聊天的“战绩”，再配合一些女生主动邀约的聊天截图，学员自然会踊跃报名。后来发现这么做容易封号，我就转移了阵地，在贴吧、QQ 群等招募学员。不过，随着 Soul 的用户越来越多，我做生意越来越难，还要和机器人或酒托[①]斗智斗勇。

3 年前刚玩 Soul 的时候，我每周至少能成功邀约一两个女生。后来，我每周都要花四五天时间在 Soul 上寻找目标和收集素材，但由于每天只有 3 次语音匹配和 25 次的灵魂配对机会，搭讪难度越来越大。相比之下，探探 App 每天有 120 次滑动机会。另外，Soul 上面的不少女生账号其实是机器人或者酒托，这大大增加了我“出教材”的难度。

如今，连我都觉得搭讪有些吃力，更何况学员们。群里每天都有新老学员不停催促我上新的案例，还有不少人在闹着要退钱。我自己也已经感受到，收学员的难度与日俱增。

所有社交平台都无法躲过一个周期定律：起于猎艳，兴于炫耀，衰于无聊，终于广告。我不知道，如今的 Soul 走到了哪一步。

“有趣的灵魂，终究比不过美丽的皮囊”

徐阳，男，27 岁

职业：咖啡师

Soul 龄：649 天

我知道自己长得不好看。两段恋情无疾而终，姑娘们嘴上不说，但我知道还是这张脸吓跑了她们。朋友们都劝我去社交软件上碰碰运气，“总有人喜欢抽象派”。

① 酒托是指在酒吧等高消费的场所，安排“服务员”上网与人聊天，以交朋友等理由为诱饵，诱骗他人至酒吧消费高价酒水。

但大多数社交软件都是以颜值为第一驱动力，我把照片放上去后无人问津，一度怀疑自己是在玩单机 App。我只好把自己的遭遇归咎于他人的肤浅。

难道就没有人不看外表吗？不能设置真人头像、主打灵魂交友的 Soul，很快吸引了我。

对长相不自信，我就努力打造文青人设，到处搜罗哲学书来看。阅读米兰·昆德拉的作品，号称是“检验文青真伪的唯一标准”。我读了四五遍《米兰·昆德拉全集》，终于在 Soul 上面邂逅了一位真正的女文青。

我和小钰的故事，始于对一句网络流行语的争执：“好看的皮囊和有趣的灵魂哪个更重要？”

我吃尽了长相的亏，自然是颜值的拥趸。小钰却一口咬定只看脸是肤浅的，真正吸引人的是高贵的灵魂。我们俩引经据典，唇枪舌剑，一下午时间都在打嘴仗中度过。但其实，她越是反驳我，我心里越是高兴，甚至隐隐觉得她就是我心中的 soulmate。

我们顺理成章地成了朋友，默契地没有索要对方的照片。我们从兴趣爱好聊到人生理想，互荐书单和电影 list（清单）。我教她区分和品鉴咖啡，她向我分享摄影心得和作品。我们还约定好，有一天，我给咖啡拉花，她用镜头记录下那个瞬间。

然而，所有美好都终结在了这段恋情“见光”的那一刻。

认识第 102 天，谐音“要你爱”的那一天，我们约定在线下见面。出发前，我惴惴不安地试探她会不会嫌弃我的相貌，但她觉得我把她看得浅薄了，甚至都有些生气。我这才放心赴约。

我特地精心打扮了一番，提前一周买了新衣服，选最能发挥我优势的咖啡馆作为约会地点。北京冬日的气温直逼零下，但我为了帅气还是穿了件风衣。

小钰比我想象中的更美，身高168厘米，皮肤白，眼睛大，身穿一件浅绿色的毛呢大衣。她也对我挤出了一丝微笑，但眼神中开始有了闪躲。这种眼神我再熟悉不过，那是嫌弃。

我使出浑身解数逗她开心，但她只是浅浅地笑笑，盯着马克杯中的咖啡或窗外堆积的落叶，从不直视我。约会不到20分钟，她就借故匆匆离开。

转身离开的那一刻，我终于明白，有趣的灵魂终究比不过好看的皮囊。

小钰没再跟我联系，我鼓起勇气半开玩笑地问她："你这种喜欢诗歌的姑娘，不是一直不看重颜值吗？"

最后一次对话，她用诗人王尔德的名句回应我："只有浅薄之士才不会以貌取人。"

"拆盲盒不一定是惊喜，也可能是惊吓"

刘宇泽，男，25岁

职业：药剂师

Soul龄：267天

一袭米白色裙子，精致的小脸，修长的体型——看到颖儿照片的那一刻，我就陷入了自以为是的爱情。

我是个"颜控"，即便在Soul这样隐藏颜值的社交App上，还是坚持要看脸。每次遇到聊得来的人，我都会及时索要照片，唯恐自己跟对方聊很久后才发现不合眼缘，那样会让我更加惆怅。

颖儿是我在Soul上面认识的网友。我们都喜欢二次元，因为我一句“三次元中不可能有人能驾驭双马尾”而开启了对话，也因为她发来的一张自拍而结束争论。看到颖儿的样子后，我对她展开了攻势，她对我也有好感，我们很快就在网上确定了恋爱关系。

但奇怪的是，她从来不发语音给我，每次都说自己不太方便，不管是白天还是晚上。

为了防止见面时翻车，我提议视频一下，哪怕就几秒钟。颖儿有些生气，质问我是不是认为她是“照骗”，但最终还是主动发来了视频。因为在 Soul 上面视频时会有一个 Q 版的头套，看不清“庐山真面目”，所以我们加了微信。

当颖儿俊俏的脸出现在手机屏幕上时，我悬着的心放下了。但这次她仍然没有说话，说要留到见面时再说。

周末，我们在一个人不多的公园见面了。远远望去，颖儿身材高挑，身着浅蓝色套裙，十分亮眼。我开心地走过去，一边还在脑补今天的约会该如何开始。没想到，她开口的一句话就吓到了我。“你好，终于见面了。”配合着那张精致小脸的，是一个极其违和的男性声音。

我一时以为自己听错了，直到他承认自己是个男生，只不过爱好是穿女装。

我被惊出一身冷汗，抛下一句“对不起，我还是喜欢女孩儿”，便夺路而逃。我下载 Soul 是因为失恋半年后好不容易走出来，又被“跟随灵魂找到你”这句话吸引。我没想过在这里寻找另一半，只是闲暇时解闷才玩，也没想到遇到了这种电视剧或动漫里才会发生的事。

事后，颖儿一直对我道歉，恳求我千万不要在广场上揭穿他的真实身份，而我却经常看着存在手机里的他的自拍发呆。

写在最后

流血冲击上市意味着，6 岁的 Soul 亟须学会养家糊口。

招股书数据显示，截至 2021 年，Soul 增值服务收入 12.02 亿元，占总收入的 93.9%；广告服务收入 7786.4 万元，占比 6.1%。但其赖以生存的变现手段，被很多 Soulers 认为“充满铜臭味”。

2021 年，Soul 的付费率由 2019 年的 2.3%提升至 5.2%，每名付费用户的月均充值金额由 2019 年的 21.9 元增至 60.5 元，增加了 176%。在这背后，哪怕只是为了跟心仪的对象说一句话，Soulers 也不得不氪金充值。

Soul 的两难选择在于，不扩圈意味着商业化的天花板难以突破，扩圈则意味着原有的社区调性被稀释，甚至消失。

花巨额营销费用引入的新用户，正在让这个小众社交平台变味，不少“骨灰级”Soulers 感到灵魂圣地被打扰，离别的故事每天都在上演。新用户贡献的收入，也没能让 Soul 走出入不敷出的窘境。

灵魂无处安放，“钱景”难觅踪影。奔赴港交所，会是 Soul 最好的结局吗?

（文中受访人物均为化名）

我在知乎搞创作，8 年赚了 800 元

作者 | 闫学功

对曹一鹏而言，钱就像一道不可或缺的甜品，能强烈刺激创作者的多巴胺。

过去 8 年来，在知乎拥有 9 万粉丝的曹一鹏曾一天花四五个小时泡在上面，但 8 年一共只赚了 800 元。少了甜的调味，创作开始变得索然无味。

“但凡能在知乎赚到钱的，一般也不屑于赚这点钱。不是大 V 清高，而是变现太难了。”他告诉雪豹财经社，很多人仍留在知乎纯粹是为了创作的快感，但“即使是用爱发电，也应该有点甜头”。

如今，曹一鹏已渐渐远离知乎，转战头条号。原因很简单，这里的“甜品”更多，同样的内容，“随便写写就能赚几千元”，这些奖励让他更有创作欲望。

十几年来，知乎从一开始的小众精英乐土，成长到日活过亿的问答平台，始终没能撕下不赚钱的标签。平台不赚钱，搞创作的大 V 同样如此。除了收集点赞和混脸熟，他们似乎难有收获。

赚钱这件事，在知乎怎么就这么难？

8 年赚了 800 元

“近 30 万赞，几千万阅读量，我只是混了个脸熟而已。”曹一

鹏如是总结自己的知乎创作生涯。

8 年来，他只赚了 800 元，还是通过自己的路子接了 4 个商单，每篇 200 元。“没有一分是知乎给的”。赚这 200 元一点都不容易。客户的要求不低，单篇字数得在 1000 字以上，还要看起来有料，言之有物。

曹一鹏写一篇商单的文章，经常要准备一天，这笔收入的性价比实在太低。再说他也不敢接太多商单，担心破坏自己严肃知识科普大 V 的形象。早期，在知乎非官方渠道接商单还得冒不小的风险，动辄被删回答甚至封号。

后来，一家认证为官方 MCN 的公司找到曹一鹏，双方签了合同，对方承诺帮他接商单。但签约了 3 个月，曹一鹏一直没有“开张”，唯一的收获就是参与一个活动，写了 100 字，赚了一盒免费的咖啡。

他所在的 MCN 签约作者群有近 200 人，粉丝最少的有 1 万，最多的有近 30 万。一聊到平台收入，群里就仿佛开起了“比惨”大赛。大多数人跟曹一鹏一样收入不到千元，只有极少数上了 5 位数，有人至今还是零收入。

超级大 V 想在知乎赚钱同样不易。2021 年末，头部带货作者“蓝大仙人”表示，自己在知乎的年收入为 50 万 ~ 100 万元，跟其他平台带货主播动辄千万元甚至上亿元的收入相差甚远。

自媒体作者张子豪算过一笔账，同样的粉丝和阅读量，其他平台的收益至少是知乎的 10 倍甚至更高，有的平台光靠阅读量和点击量就能赚钱。他早已放弃在知乎首发内容，而是转战微信公众号和头条号。

“如果你想靠做自媒体变现，知乎是最难的平台，没有之一。”张子豪总结道。

因为赚不到钱，知乎发生过多次大 V 集体出走事件。

2017 年，今日头条挖走 300 多位知乎大 V，其中包括当时知乎仅有的 7 位百万赞答主之一“恶魔奶爸”。这是知乎变现难的问题第一次被摆到台面上。

恶魔奶爸当时发文称：“今日头条签约时给的钱，年收入比普通白领高。”知乎则亲自下场回应：“我们不盲目追逐流量，也不使用肤浅的手段拔苗助长。”最终闹剧升级，双方发生了旷日持久的“互撕”大战。

2019 年，知乎大 V“兔撕鸡大老爷”组织对变现不满的创作者集体入驻微博问答，最早一批出走的答主有上百位，他建的群里有超过 400 人。当时，知乎对媒体回应称，“知乎没有大 V”。

一位有 10 年品牌推广经验的运营总监告诉雪豹财经社，知乎不是客户做品牌推广的首选，只能排在第三、第四梯队。品牌在知乎做推广更倾向于自己做账号或者制造话题，而非找达人写软文、带货，因为“知乎的传播渠道铺得不够广”。

这意味着，品牌并不愿意为知乎的流量买单。

创作者汪鑫看抖音时，经常刷到自己在知乎的回答被别人抄袭。更让他生气的是，自己辛苦查资料写的内容，在知乎只有 3000 多个赞，被搬运到抖音后，点赞量大几万，评论无数，“比我的原答案流量高多了”。

汪鑫所在的创作者群里，类似的现象并不少见，甚至其他平台搬运知乎内容已成为一门专门的生意。“没办法，知乎流量太弱，我们辛苦创作只是为他人作嫁衣。”

千军万马过独木桥

为了留住大 V 们，备受吐槽的知乎尝试拓展新的创作者变现渠道，但大多效果并不尽如人意。

知乎常见的变现方式包括用户打赏、付费咨询、好物推荐（带货）、品牌任务（软文）和知乎盐选，但这些仍未解决创作者变现难的问题。

在曹一鹏看来，用户打赏基本千载难逢，付费咨询如果价格定低了，一单也就赚几元钱，价格高了又无人问津。代写软文的收益并不高，不少粉丝 10 万以上的大 V 写软文，也就值二三百元。

一位在知乎上拥有 6 万多粉丝的游戏达人告诉雪豹财经社，在知乎带货并非想象中那么赚钱。在知乎带货，需要在内容中插入购买链接，用户点击购买后创作者才能获得佣金。但适合这种方式的答主数量不多，而且通常是数码家电类，知识类答主很难将日用品链接强加在内容中。

盐选会员，成为创作者眼中为数不多的闪着金光的变现渠道。

2019 年，知乎将过去的会员体系升级为盐选会员，并首次将创作者纳入其中。加入盐选的作者可以开设专栏，创作付费内容（以虚构小说为主），并按照订阅点击数获得收入，与平台五五分账。

到 2022 年上半年，知乎的付费会员收入同比增长 75.1% 至 4.93 亿元，首次超过广告收入（4.55 亿元），成为营收贡献占比最大的业务。

知乎也在不遗余力地向外界展示盐选的造富能力。

据知乎披露的数据，2021 年有超过 30 位盐选创作者收入突破百万元，2022 年的目标是“打造 100 位收入破百万元的盐选创作者”。其中，创作者七月荔的作品《洗铅华》，在上线知乎盐选专栏后月入 40 万元。

一夜暴富的故事，让盐选专栏成为不少创作者向往的伊甸园，但通往伊甸之路并没有想象中那么简单。

“我也想过靠写稿年入百万元，但在第一步就卡住了。”多次投稿都被知乎编辑毙掉的小曼自嘲道。她写的是都市言情小甜文，不少资深作者认为她的文章节奏慢，甚至有人建议她在开头加一些香艳的画面描写，这让她有点为难。

屡试屡败，小曼仍然不肯放弃。她横向比较了不少网文网站，知乎盐选算是性价比高的：8000 字的稿件就能够得上篇幅门槛，更新压力比其他平台小，竞争也没那么激烈。

但卡死无数作者的“过稿”关，只是漫漫长路的第一步。

已签约的盐选作者阿青告诉雪豹财经社，从写文到获得高赞冲击爆款，再到被编辑发现、签约、上栏（开设专栏），整个过程充满不确定性，没有人敢说进入盐选就是稳赚的。

在上栏之前，作者不敢轻易停更。如果原计划写 3 万字，写到 2 万字才上栏，那就意味着付费空间所剩无几，稿费也会相应降低。如果在更新过程中错过最热的风口，收入还会打折扣。用阿青的话说，“想赚钱在哪里都不容易”。

随着越来越多创作者冲着赚钱涌入盐选，平台筛选文章的标准变得愈加严格。

早期，故事类的回答只要过千赞，平台便会邀请作者签约，如今这个门槛已经悄悄抬到了3000赞。创作者数量多，读者口味挑剔，“内卷”日趋激烈。阿青以往月收入能达到5位数，现在如果作品流量不佳，收入只有3位数，这让她身心俱疲。

另一位盐选专栏作家向雪豹财经社表示，由于多部小说接连数据不佳，责编让她先免费写，等数据好了之后再上架。

在知乎写小说月入过万元，这条看起来光鲜亮丽的致富路，其实更像一条很难挤过去的独木桥。不止一位创作者告诉雪豹财经社，他们更擅长某个领域的专业问答，完全写不来小说，“写小说也不是我来知乎的目的”。

为什么还留在知乎

靠情怀是吃不饱饭的。赚不到钱，一批创作者选择离开知乎，也有人坚持留下来，继续为爱发电。

萧然是知乎的第一批创作者，知乎还在内测时，他就被在这家公司工作的朋友邀请加入。他不离开知乎，一是因为10多年来的惯性和情怀，二是因为自己没有很强的变现需求，只是单纯地满足写作欲望。

“知乎这个平台能给我不一样的创作体验。在评论区里，总会有那么几个高质量的回复，与他们交流时的思想碰撞让我有一种快感。”萧然告诉雪豹财经社，知乎虽然在破圈过程中稀释了一部分调性，但相比其他平台仍然是个可以静下心阅读和写作的平台。在他看来，知乎大V仍然比微博大V、小红书达人听起来“格调高”。

已将工作重心转移到微信公众号的张子豪，仍时常在知乎发表文章，不过只是将其当作引流工具，对变现不抱期待。公众号和知乎都是以图文内容为主，顶着头部问答平台的光环，知乎上的 KOL 更容易被读者信服，“不管讲故事还是讲专业知识，都能得到不少流量和认可”。

张子豪做过调研，知乎大 V“一只鱼的传说”和“星话大白”都只在知乎上发一半内容，读者想看完整版需要关注他们的微信公众号。“一只鱼的传说”是知名的灵异故事作者，他曾经透露，自己靠写作，年收入突破 8 位数。

面对这样充满诱惑力的案例，张子豪照方抓药，对效果颇为满意。他的微信公众号运营半年多，每篇文章的阅读量都能达到两万以上，主要涨粉渠道就是知乎。

不仅如此，张子豪还将知乎当作收集写作素材的工具。在他经常关注的领域，知乎推荐算法会将相关问答推送到首页，就像一个数据库或灵感中心。他经常从各种各样的回答中找到新点子、新视角。

也有人为了更好的社区氛围留在知乎。在知乎，创作者和读者之间的界限相对模糊，突破“次元壁”并非不可能。

摄影爱好者高畅一直关注一位头部答主，某天她在评论区提了一个与摄影器材相关的问题，没想到竟收到了大 V 本人的回复，一来二去还加上了好友。“通过好友的时候，我感觉是那么的不真实，毕竟对方是该领域的顶级大 V。”她告诉雪豹财经社，“做梦也没想到有天能跟自己的偶像一起去旅游、拍照。”

在知乎，此类事件时有发生。不少知乎用户表示：“总感觉知乎的大 V 最亲民，你的一条评论或者是私信真的会有人回复。”有人因为持续创作交到了朋友、找到了工作，甚至拿到了投资，还有人在知乎找到了未来创业的合伙人。

拥有 4 亿用户的知乎，仍然是国内无可取代的第一问答平台，但可能也是创作者最难赚钱的平台。不仅创作者赚钱难，平台自身也在亏损的泥沼里挣扎。据财报数据，2022 年第二季度，知乎营收同比增长 31% 至 8.26 亿元，净亏损同比扩大 122% 至 4.44 亿元。2022 年上半年，知乎亏损 11.01 亿元。

从创作圣地到引流工具，从成就感到社交圈，人们在这里寻找和满足形形色色的欲望。唯一的缺憾，仍然是赚不到钱。

（文中受访人物均为化名）

中国独立游戏人，挤在千分之一的窄道上求生

作者 | 闫学功

奔跑在逐梦路上的理想主义者？没有更好机会的低水平制作人？恐惧“996”、逃避现实的程序员？独立游戏人被贴上了很多标签。但只有走近才会发现，真实的个体远比任何想象复杂和立体。

都说做游戏赚钱，但做独立游戏可以说是最难走的一条小路。据伽马数据，2018 年，中国独立游戏市场规模约为 2.1 亿元，在整个游戏市场中占比不足千分之一。独立游戏背后的独立游戏人，更是乏人问津。

就像所有人一样，他们被月亮与六便士的难题困扰，也竭尽所能地寻求平衡，只是各自内心最渴求的东西并不相同。唯一相似的是，实现梦想前最重要的事，是活下去、活下去、活下去。

一时冲动，后悔 3 年

辞职创业这两年，林玄（化名）最怕参加同学聚会。

很多人羡慕他有魄力，在饭桌上戏称他是“林布斯”，但这个词在他听来格外刺耳。偶尔有人问起游戏何时上线盈利，他故作平静地回答“快了”，手指却不自觉地攥紧茶杯。

焦虑无时不在，四处弥漫，在他 10 平方米的卧室里，浓度达到了顶峰。

每周有 6 天，林玄都窝在这个既是起居室也是办公室的小空间里，严格按照上午 8 时到 12 时、晚上 7 时到 9 时 30 分的作息“上班”，下午则是训练美术能力的时间。一台电脑、两个显示器是最重要的设备，旁边支着一个画板，几张草图散落在地上，床上和桌上到处是参考书籍。

苦心做了两年的游戏即将上线，琐事比想象中更多，他又给自己额外加了两个小时的工作时间，检查 bug（程序错误）、准备宣发和游戏上架前注册公司的事宜。

但忙碌掩盖不了藏在心底最大的疑问和不安——做这件事到底能不能赚钱。

为了做游戏，林玄放弃了人生的另一种可能性。他学的是热门的计算机专业，工作时端的是三甲医院这样的铁饭碗，亲友眼里的他一向内敛沉稳，没人料到他会在 2019 年底突然辞职。

现在回过头来看，辞职的原因有点“中二”。林玄喜欢玩游戏，但总觉得市场上的产品各有缺憾，玩着玩着就想自己上手改。于是他萌生了一个念头：从第一个代码敲起，“创造一款更好玩的游戏”。凭着一腔孤勇在辞职信上落笔签字时，他相信只要足够勤奋，总不会饿肚子。

打击来得稳准狠，现实劈头盖脸地打在这个对商业几乎一无所知的年轻人身上。

辞职后想大干一场，疫情来了，靠做外包养活创业梦的计划彻底破产，林玄开始坐吃山空。一开始想做一款较大规模的游戏，但资金、技术和人员跟不上，项目最终流产，两年半时间打了水漂。他无暇伤感，在跌倒的原地爬起来，重新做一款小游戏。

沉没成本太高了。“蒙眼狂奔、闭门造车”的这3年，几乎耗空了所有热情和耐性，目标变得简单又直白。“在白纸上描绘心中世界”的梦想靠边站，抓紧赚钱才是第一位的。林玄恨不得把“想赚钱”3个字刻在脸上，以应对别人没完没了的提问。

经过7个月的开发，林玄的第二款游戏接近完成。他已经没空打磨那么多细节，“先上架再说吧”。一份游戏36元，预期是卖3000份，到手大约能赚6万元。平均到3年，一年的收益抵不上他过去一个月的工资。

“如果能再选一次，我压根儿不会这么冲动（辞职创业），或者至少找个合伙人。”林玄告诉雪豹财经社，“一个人太难了。”他需要钱，更需要人脉和技术支持，还有走过这段艰难长路时，一点相互扶持的精神安慰。

上班赚钱，供养游戏

已经转行做律师的蛇叔（又名orchi2k）与林玄最大的区别在于，他不靠游戏吃饭，还有余力供养一份不太昂贵的梦想。

10多年前，蛇叔与当时的恋人因一款网游结缘，后来游戏停止运营，他答应恋人，要开发一款永不完结的游戏。这款名为《新石器时代》（*Neolithic*）的游戏，就是一个“安放往昔回忆的避难所”。

《新石器时代》于2004年上线，次年下载量就超过百万。从网站到论坛，再到服务器，这款游戏已经熬倒了多个平台。后来，蛇叔为游戏找到了他自认为还算稳固的新家——Steam。这是全球最大的游戏发行平台之一，刚好比《新石器时代》大 1 岁。

到 2022 年为止，这款游戏已经持续更新了 18 年。只要没有特殊情况，蛇叔每周五都会更新一次，有时还会每天更新。登陆 Steam 一年后，他更新了 410 次。

“据我所知，国产游戏里，没有比《新石器时代》开发时间更早的独立游戏了。”蛇叔对此颇感骄傲。作为一名曾在 Gameloft、P 社（Paradox Interactive）等知名游戏公司供职过的资深游戏人，他对独立游戏有自己的定义：设计、美工、编程、策划必须一个人包圆，而且绝不接受投资。

2021 年底上线 Steam 后，这款游戏标价 17 元，截至 2022 年 11 月，其收益在 Steam 上排名前 41%。商业化不是蛇叔优先考虑的事项，但没钱就意味着无力供养游戏制作。

“解决开销本身就是制作游戏的一部分。”他告诉雪豹财经社，“开发过程中缺钱就赚钱，就好比缺美术资源就去寻找一样。”他转行做了律师，仍并未放弃这款游戏。

能坚持下来，一半是承诺，一半是习惯。

因为没拿投资人的钱，这是一款自由度极高的游戏。就像作家笔下的小说、画家笔下的油画，游戏对蛇叔而言是一种情绪、思想的表达载体。从纽约到上海，他像写日记一样，把所见、所闻、所感移植进游戏内的虚拟世界。

在《新石器时代》中，除了战斗、建造，还可以种植、养宠物、炒股、碰瓷。游戏的更新版本中总会有当周的新闻，如美国前总统的演讲、中国 Dota 战队折戟世界比赛等。

“如果说 P 社的游戏是描绘人类的史诗，那我就是记录正在发生的一点一滴。”蛇叔的理想，是做一款永不完结的游戏。

拿到钱，才能进入良性循环

“一群理想主义者”，23 岁的嵇零这样描述他眼中的独立游戏人，他自己也不例外。他花了很长时间，在一次又一次碰壁中寻找平衡点，试图弥合理想与现实之间的巨大裂缝。

一如既往，理想是故事的开端。

高一那年，嵇零创业开了一家动漫公司，以电影《神话》为灵感创作了一部漫画，名为《桃花源》。他在漫画中塑造了一个被困了千年的公主，想圆自己儿时与公主相恋的梦想。但因为杂志页数限制，作品被大量删减，他最终没能按照自己的想法创作。

此后数年，理想在现实面前碰壁成为常态。

2017 年，嵇零到日本求学并创作漫画，在过于“内卷”的环境中败下阵来。2018 年，他辍学回国，想把漫画公司做大，却赶上国内漫画市场泡沫破裂，一夜之间 70% 的作品下架。2019 年他转行做导演，作品都入围了电影节奖项，又遭遇了疫情，影展停办，电影拍摄搁置。

遗憾越压越多。2020 年 7 月，嵇零和漫画公司的团队吃完散伙饭，本已打算先找个工作赚几年钱，但他还是心有不甘，打算再搏一把。

拿着游戏《葬花》的商业计划书，在一位同样热爱游戏的网友引荐下，嵇零先后见了十几位互联网和电影行业的投资人。他一次次慷慨激昂地讲故事，但投资人通常只问一个问题：“你说的我都听不懂，就想知道能赚多少钱？”

热爱不能当饭吃。项目能活下来，全靠那个网友自己出钱做了第一个投资人。

他拿着钱组建了最初的团队：一名刚毕业的角色画师、一名场景画师和一名程序员。为了省钱，员工得自带电脑，游戏做到一半，程序员嫌工资低离职了。

零零碎碎的创业艰辛，不足为外人道。嵇零觉得自己“仿佛在冷冻舱里睡了 4 年，在时代的洪流中起起伏伏，一事无成”。

所幸游戏最终还是完成了。

单价 45 元的《葬花：暗黑桃花源》在 Steam 上卖了 7 万多份，投资回报率达到了 250%。上线首周卖出 2 万多份时，他甚至在 Steam 上发了一封信，说自己已“死而无憾”。

直到今天，这部游戏仍然每月给他带来收入。虽然“养活团队肯定不够”，但处女作小有所成的影响力，让他拿到了下一部作品的预付金和财务投资。

预付金是发行商看好一个游戏团队，提前预付一部分金额，等游戏上线取得收益后，再从分成款里扣。对绝大部分独立游戏人来说，预付金和投资都是来之不易的甘露。

这笔钱让他过上了还算理想的生活。

在成都一栋租来的别墅中，1 名原画师、3 个厌倦了游戏公司“996”的同事，加上既是老板也是主创的嵇零，就是团队全部成员。一楼是办公室，三楼是嵇零的家，有人进屋就算闹钟响了，上班时专心干活儿，下班玩游戏，几乎不加班。

他还是把“我的工作是创作世界”这句话挂在嘴边，写在各种社交平台的主页简介，但他也清楚，实现理想的前提是那些靠努力和幸运得来的钱。“我仿佛一直在和年轻的自己并肩作战，将年轻时的灵感和创意，用更成熟的资源和技巧实现。”

新游戏《二分之一》在 2023 年上线，投资比《葬花》大了 3 倍多。一切都仿佛进入了更好的循环，“良好、艰难却有希望”，嵇零如是描述自己的现状。

学成文武艺，卖与 BAT[①]

情怀、理想主义，这些充满浪漫色彩的词语对刘怡宽（化名）来说既熟悉又陌生。作为一名游戏创业公司的合伙人，他挂在嘴边的是商业化、出海和 ROI。

跌过跟头的刘怡宽，对“现实”二字深有体会。

他曾在某游戏大厂工作，年薪百万元，后来跟着现在的公司老板出去创业，制作了一款名为《零界之痕》的手游，投入巨大，结局惨淡。老板亏了六七千万元，他自己赔了六七百万元。

2021 年春节，公司清算并遣散所有员工后，他身上还剩 300 元，打电话向家人借了 4500 元交房租。大年三十的晚上，两个馒头、一份超市买的凉拌菜，就是他的年夜饭。也是在这一年，他因为创业失败与前妻离婚，把房子卖掉才还清了债务。

这次惨痛经历让他明白，做一款外人眼中所谓的大厂“骗氪”[②]

---

① BAT 即百度、阿里巴巴和腾讯的简称。

② “骗氪”常见于游戏界，指通过某些手段诱导玩家进行充值的行为。

手游，绝非易事，需要巨大的人力、财力投入。网易多年前给某款游戏做一个宣传片，就花了600万元。游戏中一个不到3cm × 3cm的道具，光美工成本就要400元。“很多东西，你知道怎么做，但是不砸钱，或者砸钱少了，就是做不到那个程度。”他给雪豹财经社打了个比方，“F1赛车能轻易上300公里时速，但你开个1.5T的民用车，踩爆油门也难上200。”

更何况，国产手游市场马太效应明显。据伽马数据，2021年，腾讯和网易的游戏收入占整个中国游戏市场的收入超六成。

但创业并非全无机会。据2021年Steam国游销量年度榜单，刘怡宽前同事制作的《戴森球计划》售出190万份，销售额达1.6亿元。另一款与刘怡宽计划制作的游戏类型相似的产品，单价68元，最终卖出了50万份，他觉得自己的“游戏美术比他好，玩法也不比他差”。

看到同行的成功，刘怡宽决定再次将宝押到Steam游戏上。凌晨，他还在看对标的竞品和游戏出海攻略。

做出爆款、被大厂收购、实现财富自由，他毫不避讳地承认，这就是自己的终极目标。

他算过一笔账：假如游戏能卖50万套，至少有2000多万元的收入，研发一个项目的成本顶多三四百万元。他的公司当时有10多个人，在Steam上属于中等规模的团队，核心团队才几个人，分1000多万元的纯利润，十分诱人。

还有更诱人的可能性在前面等着他。

如果游戏火了，就可以进行资本运作。刘怡宽告诉雪豹财经社，很多大公司非常想收购有能力的独立工作室，“通常收购价格至少按市盈率的 10 倍起谈”。

至于创作的独立性，他压根儿不关心，做独立游戏更多的是基于商业层面的考量。“做手游‘卷’不过大厂，Steam 游戏不需要版号，单机游戏的长尾效应更强。”至于被收购后，“要啥独立性？只要被收购，干一票我就退休了”。

4万座“围城”，圈住100万个达人梦

作者 | 丰雯

相生相克，相爱相杀

相生相克，相爱相杀——网红和MCN之间的恩怨故事，用这两个词来形容再恰当不过。

从千万级粉丝的颜值博主刀小刀与锦辰文化之间的合同纷争，到“全网男孩的初恋”彭十六与无忧传媒解约，再到田园风的超级头部网红李子柒与微念长达数年的官司，网红与机构闹“分手”，甚至“撕”到台前的消息屡见不鲜。

双方闹掰，结果往往是双输。MCN失去了摇钱树，短期内的经济损失难以估量。网红出走自立门户，也没有那么容易再次聚拢人气。

MCN的本质是经纪中介公司，上游对接优质内容，下游寻找推广平台变现。MCN的两大优势，一是帮助内容生产者专注于内容创作，二是对接平台进行包装、推广，推动变现。

艾媒咨询报告显示，2022年中国MCN数量超4万家，2025年将超6万家。淘宝、京东、抖音和视频号成为MCN运营和网红孵化的主要平台。

MCN和网红，二者如何平衡彼此的关系、保护各自的利益？

MCN：半年砸 50 万元，没回本就解约

2017 年，一门心思想当网红的吴芯走进厦门 MCN“自娱自乐”的大门，向 CEO 闫驰毛遂自荐。她很喜欢一位有百万粉丝的美妆博主，目标是“做得像她一样好”。

当时正值抖音上线第二年，“自娱自乐”也才刚刚转移阵地入驻抖音，需要培养新人，闫驰选择相信吴芯的坚定，为她配置团队、打磨人设、定制内容，花半年时间将粉丝量做到了 200 多万，已经超过吴芯设定的最初目标。

但没有任何一家公司能保证网红会一直火下去。

很快，吴芯的账号遇到了瓶颈，粉丝数涨幅变慢甚至停滞。她开始质疑公司对自己不够用心，想要解约。挽留不成，闫驰无奈之下只得协商解约。

但这样的和平分手在业内并非常态，多的反而是“撕”到两败俱伤的不欢而散。

“签约一个没有才艺的素人，我们给的签约费是 0～10 万元，还要发工资。不算其他人工成本，仅后续的培养、孵化和推流等，一个人平均半年至少要花 50 万元。”某 MCN 机构创始人王旭告诉雪豹财经社，“6～12 个月孵化出一个网红，平均两三年才能回本，最快也得一年。”

机构考虑的是回本和赚钱，达人追求的则是自由和收益。

林敏在东北一家 MCN 工作两年，是一位粉丝数百万量级的小网红。机构为了让旗下达人接触到更多不同类型的创作者，会鼓励他们与其他机构达人、个人网红多交流。

林敏与一位有千万粉丝的网红成了朋友，私下多次在一起娱乐，这让她的心态发生了很大变化。“你看着那些个人网红，创作自由、商单全赚，会心态失衡，觉得机构分账不公平。”她告诉雪豹财经社，“有时候我一个月还不如人家一个商单赚得多。”

林敏向公司表达了不满，公司也解释了原因，但当时林敏“已经被钱冲昏了头脑，满脑子只想的是别人赚的比我多”。她在一个月内与公司谈判了不下 10 次，最终以零成本解约，原本的账号也被公司收回。

她不得不重新从零起步，但粉丝量连过去的 10% 都不到。商单的钱虽然全部赚到了自己手里，但最后也还是要给工作人员发工资。不到 3 个月，林敏就醒悟了，“人家背后的团队也是要花钱的”。

但现在后悔已经晚了。林敏签了新公司，还不温不火地做着。

网红：破碎的财富自由梦

MCN 怕网红出逃赔钱，达人怕的是 MCN“广泛撒网、重点捕捞”，而自己不是被选中的那条锦鲤。圆子是个有 30 万粉丝的抖音小网红。账号只有几万粉丝时，就有 MCN 发私信想找她签约。当时圆子还是在校大学生，对账号的运营、变现并没有太大的“野心”，甚至从未想过可以靠短视频赚钱。

随着账号粉丝越来越多，有广告主找来，圆子尝试性地接了一单睫毛膏的广告，只拍了一条短视频便入账 2 万元。圆子这才发现短视频赚钱的机会，开始几乎来者不拒地接商单。广告方对视频的发送时间往往有硬性要求，单靠圆子一个人很快就忙不过来了，于是她萌生了签约机构的想法。

在签约之前，身边很多人告诉圆子，MCN 会帮她运营、涨粉，但不会分很多钱给她。圆子却“幸运”地遇到了一个愿意与她二八分账的 MCN，并与之签了 5 年合约。

她以为自己从此踏上了广告接到手软、早日实现财富自由的康庄大道，却没想到自此陷入了泥潭。

圆子进公司时，这家 MCN 已经有两位千万级粉丝的网红和多位百万级粉丝的达人，相比之下圆子毫不起眼，连剪辑、运营都是与其他达人共用一个团队。她也并没有像设想的那样赚得盆满钵满，半年接了不到 10 个广告，收入远不如自己单打独斗时来得多。

圆子找公司讨说法，公司的回答让她心里不服却无法反驳：“人家（头部网红）粉丝多，流量好，有广告肯定要先给他们。”

大多数 MCN 会将更多更好的资源偏向头部网红。同样的广告主，圆子一条短视频的报价是 2 万元，头部网红的报价可能是 50 万元甚至更高。时任 MCN“奇迹山”市场副总裁的张铭鑫对雪豹财经社直言：“在机构里，对头部网红在商务上有侧重是不可避免的。”

圆子在 MCN 待了一年，每个月到手的钱还不够养活自己，还得靠父母给的生活费补贴，连买化妆品都要伸手要钱。“早知道是这样，当初还不如选择要底薪。”她向雪豹财经社抱怨道。但选择了底薪的小刘，在 MCN 同样过得也不尽如人意。

小刘一个月拍 18 条广告，比圆子半年的工作量还多，但自己到手只有 2 万多元，“朋友在老家给初中生补课，一个月差不多也赚这么多钱”。但因为签了合同，他不敢接私单。

更何况，没有拍摄任务时，小刘还得在公司安排下“观摩”头部网红的拍摄，顺便在现场打打下手，做些打印脚本、定位花絮摄像之类的工作。他甚至调侃自己，“如果出去找份助理的工作，应该能直接入行了”。

王旭见多了类似的事，他告诉雪豹财经社：“行业里很多公司签百八十个达人，谁跑出来就推谁，剩下的赚解约的钱。”

相爱相杀之下的自卫与反击

持续数年的相爱相杀之后，MCN 和网红各自开启了“自卫模式”。千万级粉丝网红张凯毅、百万级粉丝美妆博主兰普兰等，自立门户，重开账户、招募团队、成立公司，将主导权掌握在自己手中。很多人明确公开表示，不签约任何 MCN。

圆子想解约，又不想在还没毕业时就身陷官司之中，只能勉强在夹缝中求生存，等待合约到期。下次签约前，她会重点考虑公司的体量和合作模式。

被 MCN“伤怕了”的小刘，在合约结束后不再续约，重新找了份工作，业余时间做自己的账号，有合适的广告就接，没有也不强求，掉粉也不在乎。“说实话有点累，但是我赚了两份钱，而且比较自由，想不更新就不更新。”他告诉雪豹财经社。

面对网红的来来去去，MCN 也试图通过一些方式增加确定性。“自娱自乐”会小心翼翼地控制旗下达人的数量，而且每签约一个达人都会花 1～3 个月时间进行考核，计算培养成本和回本时间，并在此基础上确定签约年限。“选角、市场、商务等多个部门进行多轮评估和打分，提出相应意见，最后才能决定要不要签。”闫驰告诉雪豹财经社，“在这个过程中，（达人）随时可能被淘汰。”

看多了大网红离开后对公司的影响，一些 MCN 开始拒绝扶持头部达人，以免网红个人 IP 独大。烽火文化负责人告诉雪豹财经社，他们会避免培养一个和公司联结太强的大网红，因为这样的人一旦离开，对公司的负面影响过重，后果难以承担。

“奇迹山”则坚持从 0 到 1 地孵化，与旗下达人建立更紧密的联结和信任关系。在这种强绑定的情况下，达人对公司的依赖更强，“出逃”的可能性也更低。

也有一些拥有超级头部达人的 MCN 让网红成为公司合伙人，建立利益共同体。谦寻文化旗下林依轮、李静既是明星主播，也是公司重要的战略合作伙伴，主播李佳琦则是美 ONE 的合伙人。

可以确定的是，MCN 与网红之间的矛盾不是一朝一夕的，如何在避免过度绑定的同时构建稳定的合作关系，如何找到合适的利益分配方式，也并非短时间内可以找到答案的。

“在找到合适的运行体系之前，达人与 MCN 之间的矛盾不会停止。”张铭鑫告诉雪豹财经社，“但每一次的矛盾都会让体系更完善，最终走向平衡。”

（除闫驰和张铭鑫以外，文中受访人物均为化名）

CHAPTER 4

第四章　前沿科技

幻核惊魂夜，腾讯敲醒“数藏人”

作者 | 闫学功

“完了，全完了。”在幻核花了近 10 万元的余小非抽了两包烟，紧攥手机刷新闻，屏幕上一行字赫然映入眼帘：腾讯计划关停数字藏品幻核业务。

这无疑是个晴空霹雳。余小非花了些时间平复心情，洗了把脸重新坐回电脑前。他来不及伤春悲秋，眼下要做的第一件事是止损。

幻核，这个昔日玩家心中最安全的地方变得摇摇欲坠。头部平台发生震动，就像一场暴富梦被敲碎。雪豹财经社观察到，风波中，数藏玩家们被迫走向岔路口：有人提现离场，彻底告别；有人继续狂奔，苟存希望；还有人借机抄底，火中取栗。

赌局还没有画上句号，等待他们的将是暴富的狂喜，还是梦碎的惊惶？

不知所措

余小非正在尽力寻找买家，试图将损失降到最低。他在幻核平台上拥有 800 余张数字藏品，过去动辄上百元一张，以后却可能变成一张张毫无价值的电子图片。

愤怒、震惊、恐慌，余小非已经无法找到一个准确的词语形容自己的心情。手机在一旁不停震动，他不耐烦地解锁，跳出来的是数个“999+”的群消息。以往，玩家们在这里探讨哪款数字藏品最有升值空间，如今群里充斥着声讨和谩骂。

“退钱！我们一定要退钱！”“这么大的厂，不会跑路吧？”“退啥啊，没看过平台最早的协议吗，早就发过声明了。”——他们指的是幻核与用户签订的服务协议，一张被很多人转发的截图显示，协议明确提示：平台可能终止提供服务，腾讯不会对此承担任何责任。

满屏的“退钱”和“（投资价值）归零”让余小非心烦不已，但他仍然强迫自己每天都把所有信息浏览一遍。“万一有什么利好消息呢？”他抱着最后一丝希望。

腾讯是国内最先入局数字藏品的互联网大厂，它旗下的幻核是国内最大的数藏平台之一。在某种意义上，幻核是不少数藏玩家心中的风向标，一举一动都值得放到显微镜下细细解读。它将要关停的传闻一出，被波及的不只是幻核上的玩家。

“城门失火，殃及池鱼。”2022 年 7 月 21 日凌晨，腾讯关停幻核的消息传出 8 小时后，吴振华发了这样一条朋友圈。虽然没在幻核花过一分钱，但他的焦虑一点也不比余小非少。

吴振华是一名“打野”玩家[①]，他在四五个平台购买了几十款数字藏品。幻核风波后，吴振华告诉雪豹财经社，他的藏品价格在短短几天内迅速下跌。代表涨幅的红色变成了绿色，看着满屏绿油油的光，吴振华又是不安，又是心痛。

① “打野”玩家指专门在各平台抢首发，在同平台或跨平台低买高卖赚取差价的玩家。

这些数藏平台大多有交易时间限制，每过去一天，就意味着损失在扩大。吴振华数着时间过日子，还设了不少电子闹铃，再给它们备注上“× × 平台，可以卖出”。就在一周前，这些闹铃还是用来提醒他蹲守各平台新品首发的。

无计可施的人们聚集在微信群里，用“比惨”宣泄情绪。

凌晨 12 时 30 分，吴振华的数藏交流群内依然热闹，只是少了各种新平台拉新的链接。“没想到幻核的消息影响这么大啊，兄弟们都还好吗？”“好得很，一天也就亏几千元吧。”“知足吧，有的小平台都跑路了，我连张图片都没留下。”

偶尔也有人试图发出积极的信号。“谣言止于智者，腾讯什么时候官宣彻底关停幻核了？可能只是裁员而已。”但这些只言片语，就像一朵小小的浪花，很快就被悲观的潮水淹没。

从产品到定价，再到最被诟病的不开转赠功能，群里最不缺的就是对幻核的口诛笔伐。甚至有不少人认为，幻核阉割了数藏最重要的流通性，才最终导致或被关停的命运。

雪豹财经社观察到，从 2022 年 5 月开始，幻核就陷入了滞销危机。彼时，腾讯新闻原负责人王诗沐被调任至 PCG（腾讯平台与内容事业群）“社交平台与应用线”，负责幻核等创新业务。但换帅未能提振销量，此后，幻核 App 上的滞销产品越来越多，过去满屏的“已售完”逐渐被“已结束”代替。

幻核的种种弊病不是第一次被看到，但视而不见、蒙眼狂奔的“余小非”们，仍怀着一夜暴富的梦想，冒着坍塌的风险挖掘金矿。

暴富梦碎

“愿赌服输”是很多数藏玩家的座右铭，但大多数人只能做到前半句：入局者因利益诱惑投掷赌注，但鲜有人能安静服输。

余小非是一家小型互联网公司的程序员，玩数字藏品就是为了赚钱。他常常跟朋友讲，当初错过了比特币，这次不能放过数字藏品。个性较谨慎的他考虑再三，决定入局幻核。

在他看来，腾讯是大厂，信誉度高，而且拥有很多 IP，而知名 IP 做成的数字藏品才更有投资价值。幻核不开二级交易及转赠功能，余小非赌的就是这一点。一方面，这样的运营策略可以让平台更加安全长久；另一方面，一旦平台开启转赠功能，他早期攒下的绝版藏品便能卖出高价。

钱越投越多，很快就到了 10 万元，余小非以为暴富梦离自己越来越近，谁知却被梦破碎的声音惊醒。

同为幻核玩家的齐铭瑄也看中了它的大厂背景，不过他赌的是腾讯利用 QQ 和微信构建的社交帝国的威力。“数字藏品是未来数字经济的奢侈品，既然是奢侈品，必然与社交搭上关系，否则就只是击鼓传花的游戏。”齐铭瑄告诉雪豹财经社，他在幻核上已经投入了 1.2 万元，“既然有人能接受几万元、几十万元的奢侈品包包，终有一天也会接受社交账号上同等价格的数字藏品。”

自诩为高端玩家的吴振华，与余小非和齐铭瑄的选择截然相反。

他不把自己限制在某一个交易平台上，认为此举无异于作茧自缚。他带着 1000 元的启动资金开始了“打野”之路，很快账面财富就达到了 4 万多元。但他也时刻关注幻核的一举一动。在他看来，小平台卖的是盈利的可能性，而幻核是整个圈子的期望。

因此，幻核或将关停的消息传出，意味着吴振华持有的藏品暴跌已成定局。消息过去一周后，吴振华的资产缩水了近六成。总有人在微信群里晒出比他更惨的战绩，这多少让他感到一丝宽慰。

随着退钱的希望日益渺茫，吴振华所在的微信群和 QQ 群越来越安静，很少有人主动发起话题。

过去，只要有人说“拉人头，需要 10 个人跟我去注册 ×× 平台，有肉吃”，立马队伍就会组满。四位数的涨幅并不鲜见，有人赚了钱会主动发红包，大家互道恭喜。现在，组队淘金的玩家越来越难凑了，就算偶尔有人发起也半天没人回复。

站在岔路口

不论幻核最终是否关停，这场传闻释放出的信号终究令人不安。余小非选择彻底告别。但在告别之前，止损是他的底线。

“幻核将近 10 万元的货，如今 5 万元甩卖，有诚意的来。”余小非在 20 多个数藏群里开始抛售，回应他的通常只有冷嘲热讽。偶尔有几个想买的还要砍价，最高的出价 3 万元，最低的只有 6000 元。余小非试图争辩，对方却抛出了某玩家在贴吧上以 5 万元价格甩卖 15 万幻核藏品的帖子。

辗转反侧之后，余小非决定和那个出价 3 万元的人谈谈，尽管他起初对这个价格不屑一顾。

齐铭瑄相信，数藏就是未来的奢侈品，他因此选择坚守，并仍然看好幻核。如果幻核后续出新，他仍然会买。但如果彻底关停，他会毫不犹豫地寻求退款，也不会再去购买其他平台的产品。“没有了腾讯的数藏，注定只是在小圈子里自娱自乐。”

对于吴振华这样的打野玩家，居无定所原本就是常态，但幻核经历的风暴让他意识到，必须慎重考虑下一站的目的地了。

从幻核出走的数藏玩家们，有一些迁徙到了“鲸探”。一位鲸探群主告诉大家：“鲸探是维护国内数藏最后的防线，大家玩鲸探问题不大，可以放心投资。”但这话反而让吴振华警觉。据他观察，鲸探抢货难的现象正在减少，这绝不是好消息。幻核在传出关停消息前，也开始频频滞销。

吴振华判断，整个圈子正在加速收缩，老平台的热度逐渐降温，新平台的风险越来越大，曾经抢到首发就能躺着赚钱的日子一去不返了。接下来，他准备赶紧把手头的货清出去，持币观望。

暴富梦被惊醒的“余小非们”，很长一段时间都不敢再轻易踏足这个危机重重的圈子，但仍有人试图在混乱中把握更大的机会。

在贴吧、微信群、QQ 群等渠道，一些人广发收购广告，通过电子合同买断幻核账号的使用权。“低价甩卖潮”成为他们入场抄底的最佳时机。他们把赌注押在了幻核未来继续开放，且即将开放转赠功能和二级市场交易上面。

真假难辨的传闻在圈子里广泛流传，成为他们抄底的依据。有人说幻核准备收购 iBox（国内知名数藏二级交易市场平台），有人传言幻核即将被全资转让给某区块链技术公司，后续将开放转赠、寄售等功能。币圈红人孙宇晨也在推特发文，表示想收购幻核。

在另一些数藏群里，仍有人孜孜不倦地推荐新平台，号召人们抢“空投”（平台为拉新而免费或低价推出的数藏）。

群内不乏询价、交易的人，也不时有人晒出资产暴涨的截图。他们不在意幻核的未来，只关心自己的暴富梦能否实现。

毕竟，在高额回报的诱惑面前，没人相信自己会是最后的接盘人。

（文中受访人物均为化名）

扎堆涌入 Web 3 的明星把泡沫挤碎了

作者 | 闫学功

“感谢星爷，治愈了我的 FOMO（错失恐惧症）。”周星驰入局 Web 3 赛道，一直犹豫的风投经理仇乐终于下定决心，远离相关项目。

事实验证了他的判断。

2022 年 11 月，周星驰在社交平台 Instagram 上宣布，要“在漆黑中找寻鲜明出众的 Web 3 人才”。招聘信息发出 20 多天后，基于 Web 3 落地的两大项目——加密货币和元宇宙遭到重创。

2022 年 11 月 9 日，著名加密货币平台 FTX 爆雷，比特币盘中暴跌 20%。同日，彭博社报道，Meta 迎来史上最大裁员潮，1.1 万名员工将“消失”在扎克伯格的元宇宙中。

“至少有一件事，星爷说对了，Web 3 目前来看仍是一片‘漆黑’。”仇乐告诉雪豹财经社，Web 3 能否成为下一代互联网尚未可知，但不投资 Web 3 已成为基本共识，“至少在国内是这样”。

从伊能静到周星驰，自带流量和信用背书的明星接连下场，让 Web 3 的信徒们又一次迎来狂欢。但另一面，手握真金白银的投资人从冷静到冷漠、从害怕错过到作壁上观，最终转身离开。

Web 3 的泡沫越吹越大，似乎已经到了要被挤破的时刻。

Web 3 在哪儿，我怎么没看到？

一度跃跃欲试想出手的投资人仇乐，曾辗转于上海和北京很多 Web 3 主题咖啡馆，不是参加路演，就是约见创始人。

2020 年底，Web 3 风头正热，VC 们都不想错失下一个能获得百倍收益的机会。但每次想出手，仇乐都被三个字阻拦——“听不懂”。

他约见一个又一个 Web 3 创始人，抱着学习的态度认真听他们讲完，咖啡凉了也来不及喝一口，但仍然听不懂对方到底要做什么。他抛出经典的 VC 三连问：盈利点在哪里？差异化是什么？有多少用户？对方回一句更云山雾罩的话：“你这是 Web 2 的思维。”他想知道 Web 3 能给用户带来什么实质性帮助，但对方大多支支吾吾，或在仇乐的追问下沉默。

有那么一瞬间，他都觉得自己的 Web 3 信仰崩塌了。

他特意花不少时间研究 Web 3，但市面上居然找不到一个具象的解释。“我只能把它理解为一个全新的互联网形态，它和 Web 2 最大的区别在于，每个用户是所有数据的所有者。”他告诉雪豹财经社，但这听起来太庞大、太抽象了。硅谷“钢铁侠”马斯克和他有同样的困惑：“Web 3 在哪儿，我怎么没看到？”

频繁出入北京和上海多家 Web 3 咖啡馆，连每一家的招牌小食都能倒背如流后，仇乐终于总结出了这些创始人的套路：发虚拟货币、发数字藏品、做链游[①]，还有极个别做加密货币钱包的。

---

① 区块链游戏，是基于区块链技术的游戏形式。

有段时间，他几乎觉得自己多年来的投资逻辑都被 Web 3 打碎了。

VC 讲究投入和退出，退出渠道以 IPO、并购和转售为主，但在国内，Web 3 想用这些方式退出很难。创始人和部分同行给他的建议是，发行 Token（代币）或数字藏品，卖出后分红。但国内不允许发售数字货币，数字藏品则缺乏流动性，若其价值的实现只能在单一平台内靠新用户接盘，就会有明显的庞氏骗局特征。

作为投资人，仇乐不怕创始人讲故事，就怕他们连故事都讲不好。自带流量和光环的明星，能在这个被笼罩在迷雾中的赛道里讲出新的故事吗？

明星涌入，红灯亮起

2022 年 9 月的一个周六，伊能静现身北京一家 Web 3 咖啡馆，为她儿子担任艺术总监的 Theirsverse 数字藏品站台，仇乐便站在台下。伊能静还没正式开讲，开场白便是“不是 holder[①] 的请出去”，这让仇乐感觉整个场面“像极了微商搞线下活动”。

但明星的热情不可捉摸。2022 年 8 月，伊能静被质疑利用 NFT（非同属化代币）割韭菜，她在投资群内回应自己只是大使，随即将群解散。10 月底，她出现在与波场 TRON 创始人孙宇晨、火币创始人李林的直播座谈中，头衔已是 Theirsverse 创始人。

Web 3 这个概念已经火了很久，即使在明星中，周星驰也算是

① 伊能静站台的数字藏品拥有者。

姗姗来迟者。

Web 3 常见的落地方式有发行数字藏品、加密货币和做链游。为了最大化地将自身 IP 及流量变现，数字藏品是最受明星青睐的方式，周星驰也不例外。他在 Instagram 上提问粉丝“最想在元宇宙中见到哪个角色”，被解读为将用手中经典的电影 IP 制成 NFT。

但从以往经验看，头顶明星光环的数字藏品热度转瞬即逝，大多在短期内暴涨至最高点后快速暴跌，直至无人问津，彻底沉寂。

2022 年初，周杰伦旗下潮牌发布了 1 万枚幻象熊（Phanta Bear）数字藏品，单价为 0.26ETH（以太币，0.26ETH 当时约合人民币 6200 元），只用了 40 分钟便全部售罄，销售额达到了 6200 万元。此后，幻象熊的地板价（最低售价）在一个月内暴涨 30 多倍，达到 8ETH（当时约合人民币 19 万元），但随即迅速下跌。截至本文发布之日，幻象熊跌破发行价，售价为 0.24ETH，较高点跌了 97%。

潘玮柏、余文乐等明星站台发行的 NFT，也都经历了大起大落，截至 2022 年 11 月均较高点跌了超过 95%。

“当一群不懂项目且自带流量的话题人物涌入，对这个赛道而言不是一个好消息。”在专注于区块链赛道的风投经理海越眼中，娱乐明星加入某个赛道，就意味着亮起了红灯。

蜡烛在即将燃尽时，往往有一个最亮的瞬间。在 Web 3 最热闹时闯入的明星，被海越称为“幻想最后一舞”。他们以自身流量收割一波关注和热钱后迅速逃离，而赛道即将进入冷静期。

大家都心知肚明不再追 Web 3 了

资本市场从不迷信明星光环。相反，明星涌入往往是 VC 撤退的信号。

“当 VC 们看不懂一个风口时，最简单粗暴的方法，就是看赛道内赚钱的人多不多。”按照海越的判断标准，市场已经给出了答案。

据专注于加密货币行业的机构 Messari 统计的数据，2022 年 7 月，超过 10 家 Web 3 独角兽估值缩水约 50%，最高达到 90%。最极端的案例当属 FTX，这家交易所在 2022 年初估值 320 亿美元，后来被曝出至少负债 80 亿美元，濒临破产。若 FTX 破产，其创始人班克曼・弗里德 240 亿美元的个人财富将化为泡影。

明星站台的 NFT 暴跌，只是整个市场崩溃的缩影。

全球去中心化应用市场数据商 DappRadar 发布的报告显示，在 2022 年第一季度创下 164.57 亿美元的交易量高点后，2022 年第三季度，NFT 交易量骤降至 20 亿美元。据当时 NFT 数据聚合平台 NFT GO.io 数据，NFT 总市值为 208 亿美元，较 2022 年高点已跌去 40%。

据海越观察，国内 Web 3 退潮的转折点发生在 2022 年下半年。

“国内切入 Web 3 的玩法更单一，无非是元宇宙概念和数字藏品，真正能落地的以数字藏品为主。下半年赛道龙头关闭后，大家都谨慎了许多。”

2022 年 8 月，被视作国内数字藏品标杆的腾讯旗下的幻核平台关停，国内数字藏品热度骤降。此后不久，海越供职的风投机构投委会下发通知：不再投资任何数藏平台。从 10 月开始，连“Web 3”这个词都很少有人提了，“虽然没有明确通知，但大家都心知肚明，不再追了”。

加密货币市场持续下跌，也让“海越们”意识到 Web 3 变现的“钱景”堪忧。2021 年 11 月，比特币创下 6.9 万美元新高，此后一路下跌，截至 2022 年 11 月较高点已跌超 77%。《纽约时报》如是总结：“一个价值数千亿美元的全球产业几乎在一夜之间崛起，而如今它正在崩溃，Web 3 这个行业的价值在几周内估计已经下跌了 65% 以上。”

对赛道失去信心的资本，毫不犹豫地转身离去。

好玩没用，得好用

仇乐已经做出决定，暂时不投 Web 3，因为“没完全看清（商业模式）之前，VC 容易当第一波韭菜”。

他从同行那儿听说了一个关于割投资人韭菜的故事：一位个人投资者在 2021 年投资了一家自称做 Web 3 的团队，因为被创始人的演讲打动，半个月见了 5 次面后钱就到账了，唯一让他疑惑的是办公地点选在了四川。几个月后投资人才得知，所谓的 Web 3 团队是用所募资金来购买矿机用以挖矿的，最终矿场被封，投资人的钱也打了水漂。

海越告诉雪豹财经社，仍然有人想投 Web 3，但主要以个人投资者和家办（为富豪家族处理财务事务的公司）为主。他们不愿听故事，更看重技术，投资的原则就是产品一定要和现有的 Web 2

架构不一样。海越认识的几位个人投资者还在向 FA（融资顾问）打探 Web 3 的投资机会，但目光更多放在了全球。

Web 3 创业者林建华明显感觉到了 VC 态度的转变。2021 年夏天，他在路演时很容易就能收到投资人名片，有一次带了十几张名片都不够发。但后来，来看路演的已经没有多少投资人了，都是圈内爱好者或同行。即使偶尔跟 VC 们交换了名片，他尝试以 Web 3 创业者的身份加对方微信好友，也往往石沉大海。

过去，投资人不会咄咄逼人地提问，基本都是在听创始人讲述。林建华注意到，有的投资人似乎很喜欢听一些从未听过的专业名词。但现在，VC 一定会问清楚产品的 DAU（日活跃用户数量）、应用在哪里、相比 Web 2 有什么提高。

“好玩没用，得好用。”这是一位投资人告诉林建华的。

VC 的投资热情一夜入冬，某数字藏品交易平台创始人李翔深有所感。他从 2022 年 5 月开始筹备做数藏交易平台，一开始得到了不少 VC 青睐，有两家已进入了洽谈金额的阶段。但 8 月下旬，原本答应投资的机构突然宣布放弃。

李翔自己筹钱，在 9 月上线了交易平台，但因为初始资金量严重缩水，平台拉新不利，他已经很难维系下去。当时后台数据显示平台日活仅有 3 位数，即将撑不下去，这意味着李翔的 Web 3 创业路即将告一段落。他开始回味当年 VC 对他的质疑：“你的数字藏品能否做出差异化？你如何保证日活？”在他看来，解决不了这几个问题，关闭服务器是早晚的事。

“跑路的平台太多了”，据雪豹财经社不完全统计，2022 年 9 月，公开声明关停的数藏平台超过 20 家。

它是一种你对自己说的谎

拒绝一位 Web 3 创始人一个月后，仇乐发现，对方在新加坡开了工作室。出海，正成为很多人的下一站。

一位做 Web 3 链游的创始人组建了一个 5 人小团队，准备去新加坡上线。他的游戏是一款动作类冒险小游戏，玩家可以在游戏中获得道具，这些道具又可以来换取某种加密货币。用户可以将加密货币换成真正的钱，也可以用加密货币升级游戏道具。

这是游戏内最能体现 Web 3 的玩法，叫双币模式，但这种模式在国内是不被允许的。

这款游戏的创始人反复向雪豹财经社强调，他的游戏并非庞氏骗局，而是基于 Web 3 的一种新玩法，用“play to earn（玩游戏赚钱）”的形式吸引用户，同时也能连接虚拟和现实。

事实上，这种玩法在海外早有先例，也早有关于庞氏骗局的争议。

越南的 *Axie Infinity* 被视为链游鼻祖。游戏中的宠物既是道具，也是 NFT，每一只都明码标价，用户玩游戏前还要先花费 3 枚 AXS（一种加密货币）购买宠物。此外，用户还可以在游戏中获得 SLP（另一种加密货币），可以直接兑换成相应比例的 ETH。

2018 年，*Axie Infinity* 在东南亚迅速走红，不少玩家赚到了真金白银。2021 年 7 月，游戏官方确认日活用户突破百万，总交易额突破 10 亿美元。巅峰时期，*Axie Infinity* 单日收入破 4000 万美元，是同时期游戏《王者荣耀》的 3 倍。

但这款游戏的获利方式始终没有摆脱质疑：看似能赚钱，其实是利用新玩家的钱向老玩家支付利息和短期回报，有典型庞氏骗局的特征。这种模式也极不稳定和不安全。2022 年 3 月底，黑客袭击 *Axie Infinity*，盗走了价值 6.25 亿美元的加密货币。2022 年 11 月，AXS 的价格约为 6 美元，较 2021 年 10 月的高点跌超 96%，SLP 价格不到高点的 1%。

林建华也准备去海外看看，第一站定在硅谷，因为 Web 3 获得美元基金的投资相对简单一些。他还打算在美国发行 Token，“在美国投资人看来，这就相当于 IPO，而且比 IPO 快多了”。

仇乐找了个工作日，去了趟伊能静去过的 Web 3 咖啡馆。跟那个挤满了人的周六相比，如今这里格外冷清。他突然想起，伊能静曾希望大家将这里当作巴黎的花神咖啡馆，于是随手搜索了一下，发现了一个近乎隐喻的巧合。

哲学家萨特曾在花神咖啡馆的桌上写下《存在与虚无》，书中如是描述自欺：“他在书中如是定义说谎，说谎者完全了解他所掩盖的实情。”

（文中受访人物均为化名）

元宇宙“女儿国”：三千佳丽撑起虚拟世界的门面

作者 | 丰雯

年末岁尾，各大地方卫视与网络平台的跨年晚会扎堆冒泡，使出浑身解数吸引观众，虚拟人也加入了这场狂欢。

初代虚拟人洛天依在出道10周年之际，登上B站的跨年舞台；东方卫视推出了虚拟人东方媛；浙江卫视的谷小雨是一位宋韵文化推广数字人；湖南卫视同台的虚拟主持人可能最多，有小漾、康康和果果。

一个有意思的现象是，在跨年晚会上出现的虚拟人几乎都是女性角色。不仅如此，在各大赛事和企业中也都闪动着大量女性虚拟人的身影。

从中国移动咪咕的世界杯数智手语主播弋瑭，到动感地带首席数智代言人橙络络，再到冬奥会冠军徐梦桃的数字分身“桃小桃”，女性虚拟人，正在征服元宇宙世界。

2022年12月12日，腾讯音乐的虚拟音乐人鹿晓希出道，登上当日的微博热搜。同一天，蒙牛3D写实虚拟人奶思在快手进行直播首秀，吸引了近300万人观看。

据雪豹财经社不完全统计，出圈的虚拟人中，90%以上是女性形象。

虚拟人的圈子为何如此“重女轻男”？

女性撑起元宇宙门面

无论是备受年轻人喜爱的二次元偶像，还是越来越像人类的拟真虚拟人，女性角色毫无疑问地撑起了元宇宙世界的门面。

2007 年，日本诞生了全世界第一位虚拟歌手初音未来，形象是可爱的双马尾女孩，凭借“神曲”《甩葱歌》迅速出圈。2012 年，国内初代虚拟偶像洛天依出道，这位身穿蓝白色旗袍、腰系中国结的 15 岁少女不仅与多位明星合唱，还曾登上春晚舞台。2020 年，乐华娱乐打造虚拟偶像女团 A-SOUL，5 名团员虽然风格和性格设定不同，但无一例外都是不到 20 岁的美少女。

随着元宇宙概念爆火，虚拟人开始从二次元向更拟真的人类形象转变，但仍然以女性形象为主。

2018 年，亚洲第一位拟真虚拟人 Imma 在东京诞生，她是一位以日语单词“现在”发音命名的女孩。当代言人、拍大片、上杂志封面，和窦靖童、绫濑遥拍广告，Imma 标志着虚拟人开始走向一个更广阔、更有想象力的市场。

18 岁的人工少女小冰，是微软推出的虚拟人产品。从微软独立后，小冰公司开发了首个“考入”清华大学的虚拟学生华智冰，以及获得万科最佳新人奖的虚拟员工崔筱盼，二者都是女性形象。百度推出的 AI 数字人希加加，则是挑染了一缕银发的年轻女性，她也是集度首款汽车机器人概念车 ROBO-01 的 000 号车主。

此外，还有戴着蒂芙尼珠宝出镜的时尚博主 AYAYI、虚拟乐队 RiCH BOOM 的主唱 K-ONE、漫游在太空的数字记者小诤、芒果超媒的虚拟主持人小漾，以及可以现场试妆的快手虚拟主播关小芳。这些以各种职业身份出现在人们面前的虚拟人，无一例外都是女性形象。

但最受大众欢迎的虚拟人，仍然是影视公司、娱乐公司孵化的虚拟人偶像。

虚拟人美妆博主柳夜熙在抖音一条视频获赞 360 万，3 天涨粉数百万，被称为“2021 年现象级虚拟数字人”。以敦煌飞天为蓝本的虚拟人天好在抖音收获 300 多万粉丝，以她为主角的虚拟人短剧《千壁寻踪》引发众多关注。国风虚拟 KOL 翎 _Ling 不仅拍广告大片，还参加过综艺《上线吧！华彩少年》。

艾媒金榜发布的“2022 年中国超写实虚拟人 10 强榜单”上，只有排在第 9 位的 Eassy 是男性角色。他是网易传媒推出的国内首个超写实数字人科技博主，担任新闻首席创造官。

在市场上具备一定知名度的虚拟人中，绝大多数都是女性形象，男性形象很容易被淹没在数量庞大的虚拟人市场中，能持续出现在大众视野中并有一定粉丝数量的更是少之又少。

复星影视文化集团开发的国风虚拟男艺人秦佑之在抖音拥有近 112 万粉丝，每条视频点赞数不过万，已经算是头部的男性虚拟人角色。

貌美如花，也能赚钱养家

“无瑕精致的五官，让人羡慕的身材，懂穿搭，能歌善舞。”圆梦聚力虚拟人制作服务公司创始人李小天对雪豹财经社如此总结虚拟人偶像的共同特点。这些词没有一个是专门用来形容女性的，但听到这些词，很多人的脑海中会浮现出女性的形象。

创新数字营销公司 R/GA 中国策略总监 Jessie Wu 认为，虚拟人形象脱胎于 ACG（动画、漫画、游戏的总称），在动漫与游戏的发展过程中，人们对于人物形象尤其是女性形象形成了相对固定的审美，品牌或企业在打造虚拟形象时，为了确保更高的接受度与好感度，延续大家已经习惯并认可的二次元审美看起来更像一条不会出错的路径。

“虚拟形象的设计本身仍然是大众主流审美的一种投射，不免会带上一些我们在看真人明星时的‘滤镜’，而这些虚拟女性形象的共同特点,在某种程度上也反映出了一定的‘男性凝视’。”Jessie Wu 告诉雪豹财经社。

被称为“宅男女神”的初音未来、洛天依等二次元形象，是大多数用户对虚拟偶像的第一次认知。一旦“初印象”形成，先入为主的观念便就此扎根。用户从内心更能接受女性角色，就连制作者也不例外。

此外，女性虚拟人更容易通过发型、妆容、服装等，针对不同的人物设定设计与之匹配的造型。

燃麦科技公司的数字潮流品牌主理人 AYAYI，用银白色的短发和清冷的妆容来凸显前沿感和科技感。蒙牛第一位虚拟员工、3D 写实虚拟人奶思，是身穿大红色民族服装的蒙古族少女。新华社的 3D AI 合成主播新小微，是着装正式、仪态端庄的女主持人形象。以翎 _Ling 为代表的国风虚拟人，则多用高发髻和古装头饰、服装来营造氛围。

相比之下，男性虚拟人的形象相对单一，发型、妆容的变化空间也相对较小。

在制作流程上，男性角色也更为复杂烦琐。复星影视文化集团总裁程�淇告诉雪豹财经社，在制作秦佑之这一角色之前，没想到制作男性角色“会这么复杂”。大量前期调研和制作模型的时间，几乎是女性角色的2倍。

更重要的是，从目前来看，女性虚拟人在商业化方面比男性更具优势。

李小天告诉雪豹财经社，虚拟人制作价格高昂，制作公司把能够最大限度吸引品牌方作为目标，女性虚拟人在品牌种类上适配度更广，被商业化的可能性更大、价值更高。

Jessie Wu 也向雪豹财经社表示：“女性形象相对更具亲和力和‘萌’感，更容易被接受。从设计角度而言，女性虚拟形象富有更多的可变性与造型上的空间，也让品牌在打造虚拟代言形象时具有更多可能。”以美妆、卫生、母婴品牌为例，它们会天然地偏向于启用女性代言人。

柳夜熙与护肤品牌娇韵诗联动，天妤官宣成为集度 ROBO-01 探月限量版 001 号数字车主，Keep 邀请 A-SOUL 入驻成为会员活力星推官，翎_Ling 为统一青梅绿茶拍摄广告片，希加加成为麦当劳新品的虚拟推荐官。

女性虚拟人走通了商业化的道路，也被后来人亦步亦趋地模仿和复刻。男性虚拟人还有机会“翻身”吗？

男性能否打破僵局？

在开发秦佑之以前，程�淇其实已经注意到虚拟人市场女性角色“泛滥”。在她看来，女性固然有形象温柔可亲的天然优势，但市场也忽视了女性用户对男性虚拟数字人的需求。

过去，虚拟人大多面向 18 岁及以下的年轻群体，但现在，接受虚拟数字人的用户年龄层在拓宽，很多 20 多岁的年轻女性对新事物的包容度和接受度都很高。因此，复星影视文化集团决定反其道而行，为女生粉丝群体打造一个男性虚拟偶像。

虚拟人赛道竞争激烈，要想脱颖而出，首先其形象得有吸引力、特点要鲜明，还得具备一定的性格特色和个人魅力。

在设计秦佑之的形象时，程笳淇的团队为他打造了一个东方美学传递者的人设、细长的眼睛、留狼尾发型等差异化特点，让受众更有记忆点。男性虚拟人川 CHUAN 则以东亚混血的特色长相、双色异瞳，吸引了粉丝关注。

此外，制作公司还会为虚拟人设计一些性格上的“小缺陷”，比如没活儿时会偷偷懒。

“这些小缺陷会带给观众更多真实感，比单纯好看的形象多了灵魂，也让他和用户的链接更加紧密。”R/GA 中国创意总监 LokFu 告诉雪豹财经社，相对于只是用单纯的文字交代背景性格，制作方还会花更多时间和精力，用一些独特的场景和小故事来交代虚拟人的背景和个性，让角色形象更加丰富、立体。

既要设计好看的外形和丰富角色内涵，还要持续创作内容，让虚拟人在观众视野中曝光，这意味着背后的制作公司要付出更多成本。

在视效创作行业工作近 10 年的李小天，直至 2023 年仍未让自己的虚拟人制作公司实现盈利。程笳淇则表示，当下的情况不能用所谓的投资回报率来衡量，“现在我们要做的不是分别人的蛋糕，而是要把蛋糕做大”。

据东兴证券测算，2022 年中国虚拟人市场已达到百亿元级别，预计 2025 年达到 2000 亿元规模。在当下缺席的男性虚拟人，或将成为下一阶段的发力点。

在维持秦佑之的内容更新、观众互动的同时，复星影视文化集团计划在此基础上打造以男性角色为主的虚拟人 IP 矩阵。百度推出的情感陪伴型虚拟博主林开开、阿里妈妈制作的数字偶像锘亚 Noah，也都是男性角色。

未来，谁会成为打破虚拟人性别刻板印象的“关键先生”？

马斯克忌惮的 ChatGPT，让人类更聪明还是更愚蠢？

作者｜瀚星

从投资入股到“反目成仇”，马斯克与 OpenAI 在人工智能这条路上渐行渐远。

2023 年 3 月 29 日，未来生命研究所（Future of Life Institute）发布一封公开信，呼吁所有 AI 实验室立即暂停训练比 GPT-4 更强大的 AI 系统至少 6 个月。马斯克参与签署了这封公开信。

“只有当我们确信它们的影响是积极的并且风险可控时，才应该开发强大的人工智能系统。”公开信称，“这种信心必须有充分的理由，并随着系统潜在影响的规模而增加。”

马斯克的担忧不无道理，虽然 AI 取代人类还为时尚早，但过度依赖 AI 所产生的信息隔阂，这个情况可能比想象中来得更快。

ChatGPT 之父、OpenAI 的 CEO Sam Altman（萨姆·奥尔特曼），在 2023 年 3 月 25 日接受采访时表示，GPT 在迭代过程中，必然存在“偏见”，它不可能保持完全中立。

随着 ChatGPT 问世，算法偏见带来的信息茧房在 2023 年又一次回到公众视野。虽然相比于人类，ChatGPT 拥有近乎无限的知识储备，但它依旧基于大语言模型开发而来，这意味着人工智能本身就被困在信息壁垒之中。

与此同时，它也在构建新的茧房。

ChatGPT 比搜索做得更好吗？

在百度输入“苹果”一词，苹果公司的相关信息会霸占搜索结果的整个首页。

搜索引擎会记录用户的搜索习惯和搜索历史，以便生成用户偏爱的搜索结果。绝大多数人在搜索苹果时，他们更感兴趣的是苹果作为一家公司的相关内容。久而久之，在算法的作用下，苹果不再只是一种水果。

同样一件事，ChatGPT 能做得比搜索引擎更好吗？

当被问及“苹果是什么”时，ChatGPT 同样在回答中介绍了苹果公司的相关信息及主要产品。

对它说“我知道的苹果是一种水果，而不是一家公司”，ChatGPT 会表示它在回答中出现了误解，并重新介绍这种水果的信息。

进一步追问“为什么谈到苹果你会先想到苹果公司，而不是一种水果？这是不是一种信息茧房？”ChatGPT 的回答是：“在我的语料库中，提到‘苹果’这个词通常会与苹果公司这个品牌联系在一起。这可能是因为苹果公司在全球范围内具有很高的知名度和影响力。这可以被认为是信息茧房的一个例子，信息茧房是指一个人只接收、了解和相信与自己观点相符合的信息，而忽视、拒绝或不知道与自己观点相反的信息。”

“信息茧房”这个词，最早出现在 2006 年出版的《信息乌托邦：众人如何生产知识》中。它是指在信息传播中，公众只注意自己选择的东西和使自己愉悦的领域，久而久之，会将自身桎梏于像蚕茧一般的“茧房”中。

在互联网高度发达的今天，信息茧房无处不在。

为喜欢的视频点赞，用户会刷到越来越多相关类型的作品；购物网站会根据用户的浏览历史展示商品；社交媒体会根据用户喜好，过滤掉用户不感兴趣的内容。

清华大学人工智能国际治理研究院在一份报告中称，在算法应用平台中，用户的各种信息数据通过信息内容推荐、信息生产等算法机制，很容易使用户被自身的兴趣爱好引导、牵制，被困在信息茧房之中。

在 ChatGPT 诞生之前，搜索引擎和社交媒体是人们获取信息的主要途径。它们背后的搜索、推荐算法，在为人类带来便利的同时，也是互联网时代各类信息茧房的“幕后黑手”。

ChatGPT 的出现，成为人类获取信息方式的一次革命。作为一款基于人工智能技术的语言模型，它能够打破信息茧房吗？

困在茧房中的历史

从最早的口口相传，到传统的书籍、电视、报纸，再到互联网时代的搜索和近 20 年兴起的算法推荐，人类信息传播的历史，就是一个不断打破茧房，再建立新茧房的轮回。

每个阶段信息茧房的成因各异，大致可以分为信息差、主动选择和被动推荐三个阶段。

在传统媒体时代，人们获取信息的渠道十分有限，信息茧房主要源自信息差。

20 世纪 90 年代，互联网打破了旧茧房，信息差在某种程度上被抹平，世界开始变得扁平、透明。但问题也随之而来——新的、更大的信息茧房出现了。

2006 年，哈佛大学法学院教授凯斯·桑斯坦出版著作《信息乌托邦：众人如何生产知识》，首次提出“信息茧房”的概念。他认为，随着网络技术的发达和信息量的剧增，每个人都能随意选择关注的话题，并根据自己的喜好打造一份个人日报（The Daily Me）。

这个阶段的信息茧房，主要是由人类主动的信息选择行为造成的。也是在这一时期，信息茧房开始与 Facebook、Google 等科技巨头关联在一起。

由于迎合用户喜好的算法机制和群组功能，Facebook 被外界诟病存在严重的信息茧房。一项论文研究表明，通过对 Facebook 算法推荐的信息进行信息源和语义相似度分析，有 10% 的信息源和 27.8% 的语义受到信息茧房影响。

2005 年，Google 推出个性化搜索服务，能够根据以往的搜索历史，向用户提供更符合需求的搜索结果。这项功能在提供便利性的同时，也导致了不同用户在搜索相同词汇时，得到了不同的结果，加重了信息偏见。

第三个阶段，以字节跳动为代表的推荐算法接过接力棒，用沉浸式体验筑起新的信息壁垒。

相较于搜索和社交媒体的主动兴趣选择，推荐算法可以根据用户的使用习惯、使用时长等一系列大数据，让用户看到他们想看的东西。

在德国汉堡大学的一项研究中，研究人员将用户分为两组，一组接受个性化推荐，另一组接受随机推荐。实验结果表明，接受个性化推荐的用户接收到的信息，更倾向于他们已有的观点，而随机推荐组的用户则更容易接触到与自己观点相反的信息。

清华大学人工智能国际治理研究院的一项研究结果显示，算法媒体通过算法技术及其架构实现了对人、地点、对象和思想及与这些过程相关的思维、行为和表达习惯的重新排序、分类和分级，进而导致信息茧房现象的迅速蔓延与日益固化。

即便不去主动搜索感兴趣的内容，推荐算法也会把海量相关信息摆在用户面前。更便捷的信息触达方式打破了过去的信息壁垒，却又构建起更为庞大的信息茧房。

当 AI 时代来临，面对始终没有被真正打破过的信息茧房，人类有多大胜算？

人类才是茧房的制造者

ChatGPT 能打破信息茧房吗？它自己是这样回答的："ChatGPT 本身是一个基于大规模语言模型的自然语言处理算法，可以用于文本生成、自动翻译、问答等多种任务，其本身并不直接涉及信息茧房的问题。然而，ChatGPT 可以被用于生成多样化的文本内容，从而可能为用户提供更加全面和多元的信息，从而有助于打破某种程度上的信息茧房现象。但是，对于某些类型的信息茧房，如个性化推荐算法等，ChatGPT 并不能直接打破，甚至有可能加剧信息茧房的问题。因此，我们需要在使用 ChatGPT 的同时，注意算法的局限性和问题，并且采取适当的措施来避免算法造成的信息茧房问题。”

从使用场景来看，ChatGPT 的运作模式与搜索最为接近，但它们也有非常明显的区别。

首先是数据来源。搜索引擎的数据来源是互联网的数据池。ChatGPT 使用的数据则来自训练模型，它不具备联网功能，最初上线时的数据仅截至 2021 年。

二者的交互方式也不一样。搜索引擎只是将与搜索关键词关联性最高的内容展现给用户，而 ChatGPT 可以理解自然语言，有逻辑地与用户进行“交流”，交互能力更强，输出的方式也更多元。

没有了基于个人习惯的个性化定制，ChatGPT 在一定程度上打破了搜索时代的信息茧房。

但与此同时，ChatGPT 也将在未来建起新的信息壁垒。正如 Sam Altman 所说，GPT 在迭代过程中必然存在“偏见”，它不可能保持完全中立。GPT 生成答案是个性化控制的结果，迭代的过程则是更精准地控制个性化的过程。

近年来，国内外有很多关于如何打破信息茧房的理论研究，多围绕优化算法和多元化信息获取途径展开。但同时也有部分研究认为，信息茧房由选择性心理导致，是不可避免的一种现象，算法本身并没有“原罪”。

就像 ChatGPT 回答的一样，算法本身只是一种工具。

回到 ChatGPT 刚刚走红的时候，看好的人将它的诞生称为 AI 界的“iPhone 时刻”，将其应用在各种工作、学习场景中，或投身 AI 大模型的创业浪潮。看衰它的人则乐此不疲地嘲笑它一本正经地胡说八道，将“林黛玉倒拔垂杨柳”作为茶余饭后的谈资。

这两类人对自己的观点深信不疑，当持有相同观点的人慢慢聚集在一起，信息茧房便悄然形成。

无论信息获取工具如何变更，只要“希望看到自己想看到的东西”这种诉求还在，信息茧房的轮回就不会结束。

CHAPTER 5

第五章　访谈录

对话零跑朱江明：全球 15 家车企将熬进决赛，中国企业约占一半

作者 | 张麟

除了“局部超越特斯拉”的雄心，零跑汽车创始人、董事长朱江明在很长一段时间里显得很低调，这在格外喧嚣的新造车圈子里并不常见。

他很少活跃在社交媒体上，很少“画大饼”，也几乎没有发出过“打嘴炮”式的惊人言论。在零跑汽车位于杭州的总部大楼里，他将大部分时间花在与研发人员的头脑风暴上，并为此专门在办公室外设了一间咖啡吧，面积不大，装修风格清爽简洁。

2023 年 5 月中旬，朱江明在这间咖啡吧接受了雪豹财经社的独家专访。作为一名“理工男”，朱江明习惯用数字说话，做判断时过程缜密、结论谨慎，同时还要留足余地。

零跑会笑到最后吗？不敢说。我觉得要到 2030 年，全球汽车市场的格局才会基本确定下来。

局部超越特斯拉的目标实现了吗？目前还没有，但我有信心在智能驾驶这个领域超越特斯拉。

造车新势力转亏为盈需要满足什么条件？至少要年销 50 万辆，未来这个标准可能还会更高。

自动驾驶是伪命题吗？过去外界对自动驾驶的预期有点高，太理想化了。但自动驾驶技术无限接近 L3 级（有条件自动驾驶），

无非还差那么一口气。

在某种程度上，零跑这家公司与朱江明有相似的务实气质。

重视成本控制，强调接地气的“品价比”标签，拒绝冲击高端化带来的高溢价，就连技术研发也以能落地为目标。从 0 到 1 造出第一辆量产车，零跑花了 100 亿元，比朱江明最初预想的几十亿元高出不少，但已经远远低于大多数“烧钱”的新势力同行。

在 2022 年成为国内第四家上市的造车新势力之前，2015 年成立的零跑汽车在过去数年里步子迈得并不快，首款量产车在 2019 年中才下线，早期销量也未见起色。朱江明将零跑比作龟兔赛跑中的“龟”，并期待它能厚积薄发，速度越来越快。

在他看来，2023 年是个关键的年份。

从市场格局看，新能源汽车进入加速洗牌期，蓝海变红海，数十家新能源车企破产或濒临破产。整个行业仍处于剧烈变动中，企业市场份额的排名“一年一大变，半年一小变”。朱江明认为，到 2027 年才会进入决赛圈，到 2030 年才会基本稳定。

从行业发展阶段看，2022 年新能源汽车在中国市场的渗透率已经达到 30%，2023 年是各家企业跑马圈地的重要阶段，“如果在 2023 年掉队的话就很危险了”。

朱江明为零跑设定的年度目标，是在提高销量、占领市场的同时，在 2023 年实现毛利率转正。把眼光放得更长远，他还寄望于“做一些特斯拉没有的东西”，实现换道超车。

没到最终时刻，一切都还存在变数，还有努力的机会和可能。

以下是雪豹财经社与朱江明的对话节选（经编辑整理）。

全球 15 家车企将熬进决赛

雪豹财经社：我们做过一个不完全统计，截至 2023 年 4 月，至少有 30 ~ 40 家新能源车企已经破产或者濒临破产，为什么新能源汽车行业在这两年里进入了加速洗牌期？

朱江明：每个行业的发展都遵循类似的规律，一开始有很多企业竞逐，最后能生存下来的相对比较少。

具体到汽车产业，它是一个技术密集型、资源密集型、资金密集型的产业。我原来觉得搞个几十亿元就可以了，现在看，没有两三百亿元肯定不要造车。

除了钱的问题，车能不能顺利造出来、卖出去，也是一个问题。新能源汽车产业已经进入了相对成熟的阶段，各家车企之间的差距已经慢慢体现出来了。

雪豹财经社：资本不愿再投资了也是主要原因之一？

朱江明：对于任何一个在培育期的产业，资本都是很愿意给钱的，但资本不可能无限制地给钱。很多车企都有造车资质、工厂、产品，政策也没有限制谁的销售，这种竞争对大家来说都是公平的。

雪豹财经社：王兴、李想、何小鹏等企业家都认为未来只会存活非常少的几家头部车企，这些判断的本质是认为汽车行业的集中度会越来越高。你认可这些判断吗，为什么？

朱江明：集中度会越来越高。从全球汽车产业来看，车企间的不断兼并和车企数量减少是正常的。中国燃油车也有一段大发展的时期，10～15 年前，大量汽车品牌进入市场，乘用车资质发了 100 多个，但现在活下来的品牌并不多。

从 2015 年进入新能源汽车时代到现在，新能源汽车品牌中最差的那一批已经消失了，其他车企也正在经历市场的筛选，未来真正能留下来的会更少。

雪豹财经社：新能源车企能活下来的会有几家?

朱江明：大概 10～15 家吧。

雪豹财经社：推测的依据是什么?

朱江明：可以类比一下手机产业，手机产业现在基本是前 5 家公司占据了绝大部分市场份额，汽车行业应该乘 2~3。汽车换代周期更长，竞争激烈程度相对小一点，缓冲余地更大。

目前全球乘用车市场排名前 20 的企业都生存得很好，新能源汽车时代可能会集中一些，15 家是合理的，中国企业差不多能占一半左右。中国车企在全球的份额会逐步增加，未来将占据全球汽车市场的半壁江山，我认为这个时代是会到来的。

雪豹财经社：传统车企和新势力预计分别占有多少席位?

朱江明：这很难说。大家可以看到现在汽车市场变化依然很快，一年一大变，半年一小变。就像龟兔赛跑一样，没有到最终时刻，排名仍然在变。

雪豹财经社：你上面提到汽车行业和智能手机行业的相似性，苹果一家公司就拿走了智能手机市场大部分的利润，新能源汽车行业会出现类似的情况吗？

朱江明：我觉得不会。从硬件、软件的质量到独特的生态系统，再到高端化的策略，苹果有很高的护城河。我认为特斯拉不想当苹果，更想当三星，追求更高的市场占有率。

另外，手机越来越像一个纯制造产业，各个模块都相对固定了，企业更像是一个组装厂，发挥空间很少，附加值也很有限。但在新能源汽车行业，中国企业可能拥有更高的话语权和更大的利润空间。

比如，中国企业拥有大规模制造的成本优势，成本占比最高的电池、电驱都是国产的，芯片、控制器等也在逐步国产化。在操控体验、车辆性能方面，中国公司的产品不比特斯拉差多少。我相信一两年以后，中国企业的智能驾驶水平会超越特斯拉，因为它们更了解中国的道路情况和用户使用习惯。

年销量 50 万辆是扭亏基本线

雪豹财经社：造车新势力什么时候能走出集体亏损的阶段？

朱江明：我觉得亏损至少还要持续两年。个别车企已经不再亏损了，但现阶段大家的盈利能力还没有拉开差距。

雪豹财经社：由亏转盈需要满足什么条件？

朱江明：至少要达到年销量 50 万辆的水平。传统燃油车也是以 50 万辆作为企业是否盈利的一个节点。未来这个销量的标准可能还会更高。

雪豹财经社：跨界造车还有机会吗？难度主要在什么地方？

朱江明：还是有机会的，汽车产业对每个新进来的企业来说都是有机会的。跨界造车企业有更强的资金实力，有更多 C 端用户资源，关键就看它怎么做，能不能做得对路。当然越迟入局难度越大，这是一定的，这个难度主要体现在用户对品牌的信任度上。用户的信任度和销量都要有从量变到质变的过程，不会一蹴而就。

雪豹财经社：什么时候新能源汽车产业才会进入决赛？哪些因素会是决定胜负的关键？

朱江明：我认为到 2027 年基本就定了，中国新能源汽车的渗透率可能已经到 80%，各家企业的市场份额也相对稳定了，很难再有翻天覆地的变化。在没有到达这个点之前，每年都会产生很多增量，技术也在不断发生变化，市场份额、技术和企业能力的不确定性，决定了初赛还在继续。

最终决定谁能跑进决赛圈的，还是产品。产品能不能满足用户需求是决定企业成败的关键，营销服务之类的都是额外的加分项。产品是 1，别的都是 0。

雪豹财经社：汽车的性能和设计逐渐趋同，各个产品之间的差异，会不会仅仅变成配置的丰俭和定价的高低？

朱江明：不会。因为目标人群不同，不同的车可以满足用户不同的关注点。有的人觉得比亚迪的车使用成本比较低，所以比亚迪的车卖得好。有的人觉得理想的车开出去体验好，有面子，所以理想的车卖得也挺好。归根到底还是因为它们的目标人群不一样。

造车不是简单地搭积木。比如，一辆汽车的可靠性不是靠拼搭就可以获得的，而是需要天天日晒雨淋、在低温或高温环境下工作才能被验证。车辆生产还需要变得平台化，这需要企业能够大规模地生产，能够具备持续设计和持续更新的能力，这些都不是简单地拼搭就可以做到的。资金链和供应链的管理也很难，绝对不是小打小闹。

雪豹财经社：我们观察到昔日火热的自动驾驶赛道正在降温。落地难、“烧钱”多，是横亘在理想和现实之间的一道巨大鸿沟。自动驾驶技术到底是空中楼阁、皇帝的新衣，还是阶段性遇阻？

朱江明：马斯克一开始就说自动驾驶很快就实现了，直到现在都没有发生太大的变化。“狼来了”喊得多了，反而没人相信了，导致大家对自动驾驶失去了信心，觉得这是一个伪命题，10 年后都不会有自动驾驶。但我恰恰认为这是黎明前的黑暗，离实现不太远了，就差最后的临门一脚。

人们有时会低估技术进步的速度。10 年前，我作为一个专业做 AI 的从业者，都觉得人脸识别技术无法实现，到现在已经可以把全杭州每一个人都识别出来了。

自动驾驶也是一样，现在已经可以做到辅助驾驶级别了，只不过还需要更多的数据样本和训练时间。过去外界对自动驾驶的预期有点高，太理想化了，都想做 L4 级（高度自动驾驶），如今眼看着没戏，都回来做辅助驾驶。但自动驾驶技术无限接近 L3 级，无非还差那么一口气。

雪豹财经社：这口气还是要靠数据积累来续上？

朱江明：对，自动驾驶就是要靠积累更多数据去解决实际问题，这不像在车上装冰箱、彩电，你装了我也可以装。自动驾驶的数据积累是需要时间的，周期很长。这个东西是硬碰硬的，很容易分出高低，谁的技术领先，谁就是牛。

有些行业人士批评自动驾驶，我觉得可能有一定的目的性，屁股决定脑袋。有的车企说不看好自动驾驶，但私底下拼命在搞研发；有的车企之前会说，纯电动车根本就无法实现，但白天黑夜地想把进度赶上来。这属于一种商业策略。

还有的品牌总说高度自动驾驶马上就能实现了，自己的产品只要再做一两次升级就没问题了，这样的说法也是很不负责任的，会对品牌造成损伤，到最后大家都不相信你了。

2023 年掉队的车企很危险

雪豹财经社：你的工作清单上最重要的事情是什么？

朱江明：首要的还是把车卖好，保证新产品能够如期发布，这是我们最重要的事情。如何去提升产品开发能力、市场能力、服务能力，也是我们工作的重点。

雪豹财经社：你说“如果 2023 年零跑销量上不去，那后面也就没什么希望了”。为什么 2023 年是个关键节点？

朱江明：因为 2022 年的新能源汽车渗透率已经达到 30% 了，如果在 2023 年掉队的话就很危险了。

雪豹财经社：零跑在 2023 年 3 月打出了“选车看零跑，价值有参考”的口号，这是你的主意吗？

朱江明：这是市场团队想出来的，零跑的理念是物超所值，我们希望让用户觉得零跑的车超越了他们的期待。零跑现在的服务网点还不够，服务能力还在提升，但团队下了很大的决心和努力，希望未来能让客户满意。

当然这也跟成本相关，不能无限制地投入，做不到服务质量和成本之间的平衡很难持续。

雪豹财经社：“提高销量、占领市场”和“降本增效、实现盈利”，哪一个对你来说更重要？

朱江明：还是销量更重要，没有规模就没有成本优势，其他的就更无从谈起了。

雪豹财经社：零跑用了 100 亿元就实现了量产，你们是怎么做到的？

朱江明：我从 1992 年开始创业，从 0 做起，到 2015 年创办零跑时已经有 20 多年的积累，因此成本控制能力比较好。零跑得益于全域自研，也比一些互联网企业、传统车企在成本控制方面做得更好一些。零跑汽车的电池包、电驱系统、智能座舱、控制器、车灯等零部件都是自研的，占了 70% 的成本，只要达到足够的规模，单车成本就会显著下降。

雪豹财经社：主要零部件都自己研发，能节省多少成本？

朱江明：不同的产品是不一样的。比如，做汽车车灯的公司的毛利率是 15% 左右，净利率为 10% 左右；做电池包的公司毛利率大概是 10%，净利率为 6%～7%。如果我们的产品规模上去的话，能节省的成本空间还是很大的。

雪豹财经社：几年前你说“零跑是汽车界的小米”，现在还这么认为吗？

朱江明：有些不一样了。零跑现在宣传的不是“性价比”而是“品价比”，是品质和价格的比较，既然与品质有关，肯定就会有高端、中端和低端产品，而非全都是低端产品。

雪豹财经社：你不太认可性价比这个说法吗？

朱江明：性价比其实也是对的，但是可能大家所理解的性价比就是相对低端。我们的车，无论是 C11 还是 C01，从设计到做工，并不低端。

在汽车行业，大家想做品牌，所谓品牌就是高溢价，要把车价抬高，这是一个共识。我们的目标是，零跑的车能够物超所值，而不是做了高端的车就要有高的毛利率。我不希望我们的用户为了所谓的高端去买单。

零跑想做特斯拉没有的东西

雪豹财经社：你曾说零跑会在某些部分超越特斯拉，这个目标现在实现了吗？

朱江明：目前还没有，但我还是有信心在智能驾驶这个领域超越特斯拉的，接下来我们会公开一些技术、想法和未来的方向。我们没有说全面超越特斯拉，因为马斯克比我们早干了 10 年。

雪豹财经社：从财报上看，即使零跑的 C 系列车销售占比已经比较高了，但是单车的盈利能力还不够好，未来零跑会推出定价更高的车吗？

朱江明：是的。我们会推出 B 系列的车型，在 2023 年 9 月发布，2024 年我们还会推出基于新平台的车型，来覆盖更广泛的价格区间。绝大部分车型都会有纯电和增程的双动力平台。

雪豹财经社：你预言未来智能电动车的价格会下探到 5 万元，依据是什么？

朱江明：10 年以后是完全有可能的。制造业一定是越做越便宜的，10 年以后电池价格会下降一半。受摩尔定律影响，芯片等零部件也会性能越来越高、价格越来越低。现在 A 级电动车的售价是八九万元，未来成本下降一半，来到四五万元很正常。当然，这种趋势会体现在两方面：配置不变，成本下降；或者成本不变，配置提高。

雪豹财经社：你曾经把零跑比作长跑比赛中的“龟”，零跑也确实在创立最初的几年步子比较慢。在当下竞争激烈、产品迭代速度飞快的环境中，你还认为“龟”的模式能笑到最后吗？

朱江明：能不能笑到最后不敢说。新能源汽车产业现在还处于长跑的初始阶段，可能只跑完了 30%，甚至都没到 30%。再经过 3 年，可能跑完了 60%，新能源汽车在中国市场的渗透率达到 80%，在全球达到 30%。我觉得要到 2030 年，全球汽车市场的格局才会基本确定下来。

因此，我们还处于积累阶段，各方面都要提升，营销端、研发端、制造端的体系化建设还在不断推进，可能后面速度会越来越快。

雪豹财经社：零跑希望给自己贴上什么样的标签？

朱江明：一家提供物超所值的产品和服务的公司。

雪豹财经社：你的同事说你是一个除了工作外没什么爱好的人，是真的吗？

朱江明：基本属实。我最感兴趣的事情就是和技术人员聊天，一起头脑风暴。我们需要不断创新，不能别人做什么我就做什么，别人怎么干我也怎么干。

现在很多中国企业取得了成功，但大多领域都有外国企业的影子，新能源汽车产业也不例外，是先有了特斯拉才有了全球市场。但我们不能拘泥于这种模式，要做一些特斯拉没有的东西，那样才有意义和成就感，才能体现一家企业的价值。

对话商汤王晓刚：AI 大模型只强调“大”是严重误导

作者 | 黄鹏

商汤内部有一个略显神秘的部门：人工智能伦理与治理委员会。2022 年，他们发布了《“平衡发展”的人工智能治理白皮书——商汤人工智能伦理与治理年度报告（2022 年）》，提出 AI 的发展应“负责任且可评估”，并制定了内部监管要求。

这像是提前回应了2023 年初马斯克等人呼吁暂停 AI 研究的言论。

当国内企业竞相投入大模型研发时，商汤已经抢跑了。这是一家看似“万事俱备”的公司，对 AI 的发展有充分的预案。

2014 年商汤成立时，人工智能被看作一条通往未来的赛道，但躬身入局后，“AI 四小龙”发现这条赛道从技术到商业落地仍有众多壁垒，曾被誉为“亚洲 AI 第一股”的商汤还未实现盈利。如今他们为国内政企客户提供包括智慧出行、智能座舱、手机 SDK（软件开发工具包）在内的 AI 解决方案。

2023 年初，ChatGPT 重新带火了整个人工智能行业。4 月 10 日，商汤发布了“日日新（SenseNova）”大模型体系，以及“商量”“秒画”等一系列 AIGC（人工智能生成内容）应用，成为继百度、华为之后，第三家发布大模型的国内企业。

此时，社交媒体的热搜话题已经从“什么时候能用上国产大模型”，变成了“我们和 ChatGPT 差距有几年”。

“不好简单用时间来衡量。”商汤科技的联合创始人、首席科学家王晓刚认为，一旦 AI 收到用户的海量反馈，“智慧飞轮”转起来，模型的进化速度将一日千里。

王晓刚在 2018 年便开始带领商汤研发团队开发大模型，起初是视觉大模型，2021 年切入 NLP（自然语言处理）模型等领域。此前，他先后就读于中国科学技术大学少年班、香港中文大学和麻省理工学院，在国际顶级期刊和会议上发表超过 300 篇论文。2023 年，作为商汤的技术负责人同时也是绝影智能汽车业务的一把手，他频繁出现在公开场合，推介公司的技术成果。

王晓刚告诉雪豹财经社，公司在 2018 年就投入算力建设，是一个非常有前瞻性的举动，但他认为，这不是一个“大力出奇迹”的行业。他回顾了商汤大模型的研发过程，反复强调“Know-How（技术诀窍）”的重要性，对国内热炒的“万模之战”，他也冷静地提出了自己的看法。

以下是雪豹财经社与王晓刚的对话节选（经编辑整理）。

雪豹财经社：商汤是从什么时候开始做大语言模型的？

王晓刚：2018 年，商汤把总部落在上海时，我们就提出要建超算中心，后来才有了大装置的建设，奠定了算力基础。我们模型的研发从视觉开始，先做出了有 10 亿参数的视觉模型，随后发现当视觉模型体量变大后，它能体现出极好的通用性，小模型也会受益。比如，早期的智慧城市交通项目涉及不同场景下对人、车、物的识别，当时需要做出各自的专有模型，后来我们发现一个通用大模型就可以实现全覆盖。随后，我们在 2021 年开始了自然语言大模型研究，2022 年我们研发了 320 亿参数的全球最大通用视觉模型，并开源了多模态模型“书生 2.0”，2023 年 3 月将“书生 2.5”向社区开放，这些最终促成了我们的“日日新”大模型体系。

雪豹财经社：我们体验了商汤的“商量”和“秒画”，感觉在中文理解方面的表现可圈可点。你们是如何教模型作诗的?

王晓刚：我们首先要解决的是工程问题：让 4000 块 GPU（图形处理器）协同连接，能高效并行做运算，这里面有许多的“Know-How”；其次要对模型做多轮训练。一开始，我们让模型写出一首质量过关的古诗是很难的，经过多轮对话的训练，包括一些辅助语料的“投喂”，才逐渐让模型理解汉语的规律。而“秒画”也来源于我们自己本身的语言模型，因而它对中文语言的理解，生成的图像描述才更加准确。外界方式中，有将英文直接汉化“喂”给 AIGC 模型的，这可能就会让模型产生误解，影响生成图像的效果。

雪豹财经社：ChatGPT 是一个现象级的 AI 产品，也带火了国内的大模型赛道，这款产品对你有什么启发?

王晓刚：ChatGPT 证实了我们的一个判断——随着模型体量的增加，人工智能的天花板会不断提升。这点是非常确定的，也是商汤一直坚持的。2022 年底公开的 ChatGPT-3.5，带来质的改变的是它对任务的算法处理能力。过去模型学的是数据，但 ChatGPT-3.5 学习的是任务，而且可以不断解锁新的任务，这个给了大家新的启发。另一个就是 AIGC 带来的用户反馈，我们叫作“智慧飞轮”，在社区中，不只是专业研究员和科学家，还包括设计师和其他各行各业的人，大家一同参与模型的训练和制作，推动 AIGC 能力不断提升。

雪豹财经社：国内 AIGC 产品跟 ChatGPT 有多大的差距？有企业家说是 2 年左右。

王晓刚：我觉得这件事不能简单地用时间长短来衡量。单论模型基础能力和训练基础设施，大家都有一定的积累。ChatGPT 的特别在于，当它出现的时候，全世界大量的人参与到数据创作过程当中。一方面使用模型创造了很多高质量数据，这些数据反过来又迭代，促进模型能力的提升。因而这是一个加速变化的过程，所以有可能是非线性、加速增长拉开的差距，应该用动态的眼光来看待它，大家都在不断进化。

雪豹财经社：大模型是目前创投界大热赛道之一，你怎么看“智能涌现”和这场“万模之战”？

王晓刚：今天国内谈大模型都在强调“大”字，但我认为背后还有很多重要因素，才会出现“智能涌现”，比如许多实现层面的“Know-How”。如果只强调“大”，单纯依靠模型体量实现“智能涌现”，会有严重的误导性，会让我们浪费很多资源和时间。关键是要结合行业实际需求，大模型不仅要具备相应技术能力，还要有效率，还要有商业化落地场景，这才是这场“万模之战”的意义所在。

雪豹财经社：商汤的大模型团队一共有多少人？

王晓刚：“日日新”的研发涉及商汤整个研发体系和研发团队，比如大模型的基础设施研发，一个部门就有几百人，他们的工作就是训练系统底层架构。要把一个大模型训练好，底层架构、任务数据收集、应用反馈等方方面面都必须优化到极致，这不是几个人能完成的。我们商汤的研发体系正在被大模型重塑。

雪豹财经社：“日日新”大模型和“商量”“秒画”等 AIGC 应用，在内部测试中有没有让你感到惊艳的表现？

王晓刚：模型发布前要做很多维度的测试，我们有专门的团队在做这件事。拿“商量”来说，测试时给它出一道作文题，它并不会一次就给出一个完美答复，需要通过多轮对话把不完美的地方告诉它，它能快速学习，不断修正，给出更好的答案，让我惊艳的是它强大的学习能力。我们的 AI 数字人视频生成平台“如影”就是“商量”起的名字，我们问为什么，它回答“如影随形嘛！”

雪豹财经社：商汤的 AIGC 应用还没有对公众开放，但有部分合作伙伴已经体验了，他们有什么反馈？

王晓刚：我拿“商量”举例。一开始大家只是对它做一些通用型测试，反馈比较好，后来大家发现它有强大的逻辑推理能力，相当于一个 AI 大脑，就考虑用它来连接现有的传感器，相当于操控设备的“手”和“脚”。还有客户在上海车展上体验了“秒画”，觉得它生成的车辆效果图可以直接拿去使用。总的来说，我们跟客户交流得越深入，就越坚定在这个方向投入的信心。

雪豹财经社：相关应用打算什么时候对公众开放?

王晓刚：商汤目前主要还是面向 B 端的企业客户。我们欢迎感兴趣的客户去官网申请试用。

雪豹财经社：2023 年 3 月，包括马斯克在内的 1000 多位人工智能专家联名签署了一封公开信，呼吁暂停开发比 GPT-4 更强大的 AI 系统至少 6 个月，称其会“对社会和人类构成潜在风险”。你怎么看?

王晓刚：人们暂时还没太学会如何驾驭 AI，就像出现了新的工具，还不知道如何去使用。任何技术都有两面性，能够带来价值，也有一些潜在风险。但简单地限制并不能解决问题，还是要在发展中摸索出一套切实可行的办法，能够让我们跟 AI 共同发展，能够让我们驾驭它，也能够让它造福于我们。

雪豹财经社：商汤内部设立了人工智能伦理与治理委员会，它

是怎么运作的?

王晓刚：2020 年 1 月，商汤正式成立人工智能伦理与治理委员会，包括 2 名外部委员和 4 名内部委员，他们有技术、工程、法律、伦理等相关专业背景。我们在 2021 年提出了“负责任且可评估”的发展理念，商汤任何 AI 产品在发布前都要经过该委员会审核，提前发现并去除潜在风险。

雪豹财经社：你认为通用人工智能（AGI）将在什么时候到来?

王晓刚：我觉得通用人工智能是一个方向，大家已经在朝着这个方向前进了。公众已经感知到了它在自然语言理解方面的成果，接下来还有视觉、音频等多模态的发展。通用人工智能不是一个静止的点，而是一个我们可以取得不断突破的新领域。

雪豹财经社：商汤的研发团队是怎么寻找突破方向的?

王晓刚：2014 年，当深度学习技术开始有突破时，大家有许多天马行空的想法，希望通过原创不断取得 0 到 1 的突破。在早期，我们每年会向 CVPR（IEEE 国际计算机视觉与模式识别会议）、ICCV（国际计算机视觉大会）这些会议进行投稿，投稿那天晚上大家熬通宵；后来我们的技术走向了车厂、手机厂商，我们有了许多 AI 落地的业务场景，这时候每次合作伙伴的产品发布会就成了我们的“春晚”，看到 AI 成果被使用到客户的产品中，我们都非常兴奋。但现在我们发现，光是满足消费者和客户需求还不够，像 OpenAI 引领了新一轮技术革命，商汤希望借助于在 AI 落地过程中积累的很多“Know-How”的行业经验，去引领 AI 科技取得下一个大的突破。

雪豹财经社：你是商汤的联合创始人之一，当初是出于什么样的机缘加入商汤的？

王晓刚：我们的创始团队来自香港中文大学多媒体实验室，创业前就在人工智能方面有较多积累。我 2001 年追随汤老师（汤晓鸥，香港中文大学教授、商汤创始人兼董事长）攻读硕士学位，当时大家有一个梦想——将人工智能做产业化的落地，改变人们的生活，后来就有了商汤。

雪豹财经社：什么时候开始看到人工智能落地？

王晓刚：2014 年，我们在人工智能方面已经有了技术方面的研究和储备，到 2016 年，我们看到人工智能开始有大规模的产业落地，比如智慧城市、自动驾驶，我从那时起开始参与商汤的实际业务。也是从那时候起，商汤的研发体系从学术实验室的这种小规模的研究团队，向构建大规模工业化研究体系及基础设施蜕变。

雪豹财经社：AI 的突破也让部分人产生焦虑，有声音认为 AI 会取代许多职业。你怎么看？

王晓刚：AI 影响到了文案编辑、财务分析、教育、金融等很多行业，但职场人要学会使用 AI，把它当作提升效率的工具，比如模特不用出外景就能变换场景拍照。一句话，学会让 AI 帮助你。

对话留白影视徐康：影视行业会越来越重视 ROI

作者 | 陈丹　编辑 | 高琍著

即使对于靠《狂飙》出圈的留白影视而言，在 2023 年跑出播放量破百亿的大爆款，也绝非常态。从文化产业投资人到创业者，留白影视创始人徐康深知现象级产品出现的偶然性，相比起一味追求超级爆款，他更在意的是持续生产不低于 75 分的产品。而衡量这个分数最重要的指标，是 ROI，即投资回报率。

商业性和艺术性不是天敌，但从平台和公司的角度，拍剧的目标首先是盈利。

"当一部剧的 ROI 超过 1，无论口碑和评分如何，它在商业上都是一个成功的项目。"徐康在与雪豹财经社的独家对话中表示，"我觉得这会成为行业未来越来越重要的一个标准。"

从 2014 年创立留白影视开始，徐康就致力于追求影视工业化和流程标准化。但他同时也非常清楚，"影视行业的核心在于'非标（非标准化）'，不可能实现完全的工业化。但如果说以前有 90% 都是灵光一现，现在有 30% 形成了标准，行业的改善和效率的提升已经非常大了"。

在他看来，做影视剧和做投资有很多相似之处——都是"非标"的、都是开放的，有很多条路可以走，没有哪条路是绝对正确的。他为留白影视建立了一套运作机制：每个项目都建立在充分的讨论和思考之上，每个参与者都有发声的机会，并尽可能地保证“对的声音”被采纳。

下一部《狂飙》可遇不可求，但在这样的机制下，徐康相信，只要时间足够，“即便在一些大家认为留白影视不擅长的题材类型上，也有可能出现爆款”。

以下是雪豹财经社与徐康的对话节选（经编辑整理）。

万人空巷的剧没有了，是时代的进步

雪豹财经社：《狂飙》的播放量已经突破了百亿，上一部有百亿播放量的作品还是 2020 年的《庆余年》。成立 8 年，能跑出《狂飙》这样的现象级作品是偶然还是必然？

徐康：现象级产品的出现肯定有偶然性。偶然性既来自灵魂主创对作品天花板的提升，也得益于档期和当时所有观众的情绪共振，这些都是可遇不可求的。只能说碰上了要有能力把它识别出来，并非常珍惜，三五年碰不上也没办法。

但留白影视拍出一些播得很好的作品，我认为是必然的。只要时间足够，在公司的运作机制下，就会制作出市场反应良好的内容。

雪豹财经社：现在娱乐方式越来越多，国民级爆款剧出现的可能性是不是越来越低了？如果是，是否意味着行业的天花板变低了？

徐康：国民级的标准也在变化。比如小时候看的《我爱我家》《包青天》《新白娘子传奇》，可能全中国近一半的人都看过。《渴望》《西游记》那时的收视率才叫真正的万人空巷。按照这个标准，我觉得《狂飙》肯定达不到，有两三亿人看过已经非常不容易了。

过去大家的生活环境差不多，80 后年轻时都穿一样的校服，做一样的广播体操，那几首歌一出来，很容易找到共鸣。现在地域差别、年龄差别越来越大，能引起共鸣的东西也越来越具有差异化，这是代表时代进步的好事。

雪豹财经社：爱奇艺副总裁陈潇曾说，影视制作是前置的，像《狂飙》这样的作品并不能给当下内容生产留下太多的启示。对留白影视而言，复盘这个项目可以留下哪些经验和教训？

徐康：第一是在类型剧上的基本素质。在这类特殊题材的把握上一定要追求真实，策划人、编剧、制片人要清楚主人公平常是怎样工作的，并将其真实地呈现出来。第二是灵魂主创的重要性，像徐纪周导演，从剧本写作到拍摄，他倾注了很多个人才华和社会阅历。第三是好演员的共振，他们给角色增加了非常大的魅力，让观众信服这个故事。这些经验以后可以沿用，我们也是经历了《刑警之海外行动》《对决》之后，才有了《狂飙》。

雪豹财经社：后面两点是否很难被标准化？

徐康：对，但我们可以提炼出一些具有共识性的经验。比如在演员的选择上，是否“贴脸”比演员有没有流量更重要。即便我们在演员的选择上有偏商业的考量，也有一个大前提，就是一定要符合角色设定。

行业会越来越重视 ROI

雪豹财经社：你在很多采访中提到留白影视的标准是做不低于 75 分的作品。一部作品达到了哪些标准，就能到 75 分？靠个人感觉还是有明确的指标？

徐康：最重要的指标是平台的 ROI，这一点基本覆盖了所有的维度。从平台和公司角度来看，一个项目首先是要盈利。

当一部剧的 ROI 超过 1，它在商业上就属于非常成功的项目，ROI 会成为行业未来一个越来越重要的标准。在现有的付费用户数和广告收入大盘之内，拿多少钱能维持生产且获得增速，这直接决定了长视频平台和整个市场的商业逻辑是否成立。

雪豹财经社：内容好不一定等于流量大。有些口碑之作未必出圈，有些被诟病的作品反而流量很好，你如何看待这种现象？

徐康：电影有文艺片，剧集有文艺剧吗？我认为是没有的。剧集的核心功能是提供娱乐，让观众可以消磨时光。它可以提供各种各样的情绪，如快乐、悲伤、恐惧、焦虑……但你一定不能教育观众。如果说教，观众本能地就不想看了。

雪豹财经社：大众娱乐产品依然会有天平的两端，这边是艺术性，那边是商业化，你把平衡点放在哪里？

徐康：这其实不是我们主动的选择，而是剧本本身决定了，它更适合偏艺术性还是商业化。比如拍一部古偶（古装偶像剧），如果把艺术性拉到70分，商业化占30分，那它可能就不是古偶了。

艺术性是导演、编剧等主创人员永远的追求，他们灵魂深处肯定都想做《大明王朝1566》《金婚》这样的经典，但经典可遇不可求。公司肯定是从商业角度出发，针对具体的项目找一个平衡点，当主创人员有偏差的时候，把他们往回拉一拉。

雪豹财经社：你多次强调剧作的商业化，在留白影视，是不是不允许出现“叫好不叫座”的产品？

徐康：在口碑和商业化之间，主创人员一定希望有好口碑，从公司角度来看，商业化更重要。但很多时候两者并不冲突，也不是尖锐对立的。很多情况下，是因为“叫好”所以“叫座”，所谓“黑红”的情况非常少。

商业化和艺术性不是天敌。商业化的对立面不是艺术性，而是个人化。有一些主创人员觉得自己是在做艺术，但其实是非常个人化的表达，既没有那么高的艺术成就，又不符合商业化的要求，我们要规避这种情况。

我对 IP 没有一票否决权

雪豹财经社：留白影视的电视剧《熟年》原著是 2013 年就出版的一部小说，你们是怎么找到这个 IP 的?

徐康：大概在 2021 年这本书重印之前，策划部门发现了这个 IP，并推荐给了公司。这是一部现实主义的都市剧，特点是比较真实、有烟火气。《熟年》是我们挺重要的一次尝试，不管是原著作者还是我们的剧本创作，都希望探讨一些比较真实的、有社会共鸣的议题。我们也会有商业化的考虑，但这部剧是典型的需要慢慢发酵的剧，它不像《狂飙》那样一下子就会起得很高。

雪豹财经社：从留白影视过往作品来看，涉及家庭、女性题材的影视剧项目比较少。有什么题材是你们未来 3~5 年肯定不会碰的吗?

徐康：留白影视内部并没有设置题材或类型的边界。我们是一家以制片人为核心的公司，拍什么类型的剧，取决于每个制片人工作室擅长做的和想做的类型，需要通过公司整体评估流程后最终决定。做一个项目时，我们会有一些常识性的思考——一是要不要做，二是匹配多大的资金量来做。

雪豹财经社：留白影视在 IP 选择上有哪些自己的方法论?

徐康：在 IP 选择上，公司内部有专属的 IP 评估流程。IP 评估会需要策划部门、制作部门、宣传营销部门分别从内容、制作、市场等不同维度对项目进行评估。我没有一票否决权，可能会有一票赞同权。我们更多是建立在充分讨论和思考之上的。当决定买一个 IP 时，我们需要明确这个项目的定位、受众、核心看点，跟市场上同类型剧相比，留白影视如何把它差异化。

雪豹财经社：如果出现重大分歧，最后拍板的人是谁？

徐康：出现分歧是非常正常的，重要的是大家可以畅所欲言，把自己的观点说出来。制片人、策划和宣传人员需要分别从各自专业的角度，对项目进行分析拆解，形成大家都可以理解的专业语言。但对于内容公司而言，更重要的是思考如何从诸多不同声音中提炼有益信息，如何求同存异，这背后是最底层的共识和机制。

布局长线 IP 的时机已成熟

雪豹财经社：现在还有哄抢 IP 的现象吗？

徐康：IP 市场已经回归理性竞争，像起点、红袖添香等几个头部平台，榜单前十的作品大家都会关注，判断是否适合影视化改编，遇到好作品，几家公司同时有购买意向，这是任何时候都会存在的竞争。

雪豹财经社：国外的很多 IP 被拍成了系列电影，留白影视有计划去塑造这样的 IP 吗？

徐康：IP 产生衍生价值的重要因素，是它对用户有足够长时间的陪伴。有很多作品，不一定没有《大明王朝 1566》的艺术成就高，但它陪伴了一代观众的整个童年或者青春。只有这样的作品才会让你愿意付费，才能叫 IP。《狂飙》我追了一个月，在我的认知里，它就不能叫 IP，只是我一段时间内非常喜欢看的一部剧。

国内市场已经慢慢开始尝试去生产这样的长线 IP 了，但面临的掣肘依然不少。在 2014 年、2015 年行业最疯狂的时候，那样的环境下很难生产 IP 或长线内容，所有人的目标都是偏短期的。2018 年到 2022 年，行业又经历了巨大的调整，很多创新尝试都不敢做。

现阶段我认为大调整基本结束了，行业进入了比较稳定健康的状态，大家开始思考怎么做一些创新内容。如果现在拿到一个大 IP，我们会希望按照 10 年以上的计划去做开发，而不是一部剧火了之后再去生产第二部，两者思路是完全不一样的。

雪豹财经社：未来做这种系列 IP 开发的话，会选怎样的作品？

徐康：我们目前正在选择几个作品，这种系列 IP 需要具备的必要因素，首先是故事总量和容纳的人物一定要足够多，并且具有延展空间。其次，这个作品需要有自己完整的、庞大的世界观。

我给留白影视打 75 分

雪豹财经社：这几年大家都在谈影视工业化，为什么你认为这个行业还是传统的手艺活儿？

徐康：影视行业可以工业化，但绝对不可能实现完全的工业化，因为这个行业产品的核心在于它是“非标”的，非标准化的东西不可能完全工业化。

我们追求的仍然是工业化和流程标准化，平台在这方面做的远比我们多。比如爱奇艺 2022 年新推出的制片管理系统，在提升生产效率方面的作用非常大。

雪豹财经社：你之前有过做投资的经历，选 IP 的过程跟做投资有相似之处吗？

徐康：首先它们都是“非标”的，做选择时一定会受主观性的影响。其次它们都是开放的，有很多条路可以走，没有哪条路是绝对正确的，也不一定赞成的人多就是对的，所以投票其实解决不了问题。但也有一些不太一样的地方，比如做 VC 是看赛道的，可以在同一个赛道投多家公司，拍剧不太存在这种逻辑。

雪豹财经社：对你而言，影视行业的最大魅力是什么？

徐康：刚开始创业时，我选择这个行业完全是出于一个简单的商业思考：一个 To B（面向企业）的行业，通常不是一个赢者通吃的行业。多年投资人的从业经历也让我积累了很多对影视行业的研究和了解，拥有一些冷启动的资源，人很难去做一件跟自己的过往经历完全无关的事情。

雪豹财经社：到今天为止，你给留白影视的整体表现打多少分？

徐康：75 分，高于行业均值，但还没有达到我们理想的预期。

雪豹财经社：你能看到留白影视的天花板吗？

徐康：留白的天花板其实就是行业给你的天花板。自驱力很强的企业家可能可以全身心投入工作 20 年，然后逐步进入安逸的状态。对留白影视来说，我认为至少 10 年内还是会处于这种高效率、全心打拼的状态。至于达到什么样的高度，取决于整个行业的变化。

平台降本增效，有人失业，有人降薪

雪豹财经社：影视行业现在的利润率还是下降的吗？留白影视怎么维持利润率？

徐康：我个人的判断是，毛利率和降本增效在 2022 年底基本达到谷底了，2023 年已经开始回升。

雪豹财经社：平台降本增效，行业的上游公司会受到很大影响吗？

徐康：我们做个假设，一家不盈利的公司有两种选择，整体降薪 20% 或裁员 20%。这是一个战略选择，我会选择后者。整体降薪，所有人的士气会下降，而且还是吃大锅饭。但裁员 20%，不仅能降低成本，也有机会提升效率。放到剧集市场也是如此，被砍掉的是腰部剧和 ROI 低的剧，头部剧和强势内容的毛利率跟过去相比没有显著变化。

美股市场以前遵循奈飞的商业模式，投资者更关注用户数的增长而非盈利，这影响了平台的采买逻辑。近年来，市场的风险偏好出现极大扭转，长视频平台基本选择了降本增效。很多平台取消了对网络大电影的补贴，因为过去需要这部分受众来贡献用户数增长，但在盈利的逻辑下可能就不需要了。在这个过程中，市场的感受是不均衡的。不是所有人都降薪 20%，而是有人失业，有人降薪，还有人涨薪了。

雪豹财经社：长视频还是一门好生意吗？

徐康：过去几年市场把长视频妖魔化了，一举失败的例子就拿出长视频。但即便是前几年最悲观时，我也觉得长视频没有那么不堪。原因很简单，纵观全世界其他市场，你能举出一个例子说明长视频是不赚钱的吗？虽然它不像游戏有那么强的现金流能力，但每年有几十亿元、上百亿元的利润是可以实现的。而且，作为世界第二大经济体，很难想象我们永远不会出现像迪士尼这样的内容巨头。

雪豹财经社：“优爱腾”跟奈飞、迪士尼相比，在市值上还有很大的差距，它们是被低估了吗？

徐康：很多中国公司现在的市值并没有反映出它们真实的价值，尤其是跟它们在美国的对标公司不应该有这么大倍数的市值差距。现在很多公司处于低谷状态或估值恢复期，而国外的一些长线投资机构正在离开这些股票。从长期看，这几家公司不会只有现在的市值。

对话爱奇艺陈潇：想狂飙？革自己的命，把天花板捅破

作者 | 陈丹

讲不出好故事，就会被淘汰。

谈起这几年影视行业对好故事的追求，爱奇艺首席内容官王晓晖感受很深：吹牛的人越来越少了。

过去，80% 的项目做推介时都自称一定会是爆款，但现在大家慎之又慎，都在找项目的不足，比如人物刻画是否可以更细致，能不能再找找与当下的共鸣。

王晓晖预测，随着政策更加平稳、内容结构优化、创作团队存量调整、竞争趋于理性，影视创作将迎来群星闪耀的时代。

观众对好故事的热切反馈是一个信号。据 QuestMobile 数据，《狂飙》播出期间，爱奇艺平均每天获得 768 万增量用户，平台流量达 4.32 亿。

爱奇艺的财报也释放出积极信号。截至 2022 年末，连续 4 个季度实现运营盈利，会员数涨至 1.2 亿，其中第四季度新增会员逾 1000 万。

在爱奇艺高级副总裁陈潇看来，高质量的内容会带来高溢价和更高的商业价值——这个模型得到了验证。“当真正好的内容出现，观众愿意买单。”

2023 年 5 月 10 日，在一年一度的爱奇艺世界 · 大会上，爱

奇艺创始人、CEO龚宇称，影视行业最艰难的时刻已经过去。但他同时指出，行业增长红利已经消失殆尽，面对一个饱和的市场，“你多吃一口，别人就会少吃一口”，因此爱奇艺要“奋力高质量发展”。

从降本增效到冷静增长，再到高质量增长，不到3年时间，爱奇艺的策略发生了3次转变。

高质量增长到底指什么？3次策略转变背后，爱奇艺捕捉到了行业的哪些变化？在互联网人口红利消失的当下，追求头部精品化内容能否突破长视频行业的天花板？

在大会间隙，爱奇艺高级副总裁陈潇接受了雪豹财经社等媒体的群访。

以下为雪豹财经社等媒体与爱奇艺高级副总裁陈潇的对话（内容经摘编）。

走出长视频困境

雪豹财经社：你怎么看降本增效大背景下视频网站之间的竞争？爱奇艺的领先优势是不是在一定程度上稳固了？

陈潇：这个事拉长看还是生产力的角逐，以及机制、人才和内容理解能力的角逐。很多传统行业的人说过，没有企业可以在一个相似的商业模式下领先超过半年。你只能不停地革自己的命，用更新的办法来生产产品和内容。

所以我们不太看短期的领先和市场份额，关键在于产品、策略、机制、人才等关键点是不是足够领先。爱奇艺在过去一段时间里出了一些爆款，有偶然性也有必然性。必然性在于这些剧是我们前几年规划的，那时候的生产机制和对用户需求的理解还可以，所以命中率高一些。

今天我们给自己的课题是，我们对现在的观众是否足够了解，对他们的情绪捕捉、在内容消费上的新需求反应如何，是依旧敏感，还是变迟钝了。包括我们提出高质量增长，也是代表我们对这件事的态度，希望能以更加细致、专业、科学的方法生产更高质量的内容，但最终成果得等到两三年后的市场检验。

雪豹财经社：前几年爱奇艺一直在亏损，这其实是整个长视频行业的困境，因为头部的价格永远飙涨，到了现在这个节点，爱奇艺或者说长视频行业走出困境了吗？

陈潇：肯定有阶段性胜利。我们之前认为高质量的、体现精神文化的长视频内容会带来高的溢价和商业价值，这是一个理想判断，只是这个理想不一定能被验证。但从我们现在自制高质量内容的井喷表现来看，这个假设并没有系统性的问题，当真正好的内容出现，观众愿意买单。

再往下探究，国内拍剧的上限是1000万元人民币一集，为什么好莱坞能做2000万美元一集的剧，而且还能赚钱？但我们的理想不只这一步。怎么制作更高质量的内容？如何让内容产生更高的商业价值，影响范围波及更广？不光是中国，全世界有没有可能为顶级的华语内容狂欢？

我们的目标在很远的地方，现在看到了一些曙光，但仍然长路漫漫。

雪豹财经社：模型被验证的根本变量是什么？

陈潇：根本变量就是当我们把生产对象、生产方式、主要商业模式以及内容推荐和运营、宣传的算法，统一围绕核心的用户——会员旋转之后，我们的创作效率、分发效率、资金使用效率以及变现效率都提高了，这个结果体现在爱奇艺的财报和头部内容的财报表现上。

你投了一款新产品，需要知道该产品的财务表现怎么样，是不是能盈利，投进去的钱多久能回来，回来能不能做下一期开发。这是验证的第一阶段。

解决了第一阶段的问题，生产一个内容不亏钱，做 20 个、50 个也不亏钱，那就证明能维持一个相对大规模的生产。

第二步是看用新技术能不能提升效率和质量。只有让生产能自转，才有机会做研发、技术投入和其他异业的合作，有余力做其他事。

从降本增效到高质量增长

雪豹财经社：爱奇艺最近几年一直在调整策略，从降本增效到冷静增长、高质量增长，能否详细介绍下变化的经过？

陈潇：我觉得我们这几个关键词抓得还是比较准的。降本增效非常清晰，就是减少多余的业务和低质量内容，以此来达到优化效率的目的。在这个阶段，有一些项目已经开发了，可能投入了几百万元，但剧本出来后觉得不行，做出来最多也就是 A 级项目，我们还是放弃了。

降本增效和冷静增长两个阶段相隔很近，我们在做完第一轮降本增效后，发现齿轮已经开始有一些正向旋转的迹象，因此提出了冷静增长。冷静增长有点像降本增效和高质量发展之间的一个过渡。爱奇艺的内容投入是按年度来进行的，这三个阶段没有相隔一年，所以在降本增效阶段和冷静增长阶段的投入基本上是稳定的，在高质量增长阶段我们会增加一些对头部内容的投入。

我们预判在后面一个周期，行业肯定是增长的，长视频内容的生产周期一般是 18 ~ 36 个月，因此高质量增长是面对未来头部内容的一个布局。而且不论在哪个阶段，我们都一再确认了头部内容的拉动力，它们并不需要被降本，需要的是发展。

雪豹财经社：龚宇在高质量发展前面还加了“奋力”两个字，爱奇艺内部是如何理解“奋力”的？是追求品质还是会在数量上也有一些增加？

陈潇：大家都知道做减法容易，但能够到达高质量水平的路径并不是一条康庄大道，需要分析判断，还需要大胆预测。我们今天的投入到能见到效果的时候，可能已经是两三年之后。

因此“奋力”的原因有 2 个。一是要实现高质量发展不容易，这个目标并不是在你眼前能够着的，需要非常努力、用心、谨慎，以及有胆识去为这个增长负责；二是如果这个方向是对的，我们希望能够尽自己最大努力，把天花板捅破。

爱奇艺有没有爆款焦虑?

雪豹财经社：爱奇艺是如何挑到头部内容的？在制作爆款上有哪些经验?

陈潇：首先是网络。从 100 个项目中挑中的 2 个项目，成了爆款——这是非常小概率的事件。长视频的生产非常专业，不能单靠一个人完成。好的制片公司是不是找到了好的编剧和导演，形成了一个好的团队，正在开发一个有潜力的项目；爱奇艺是不是有足够多的人连接这些编剧、导演、制片公司，这就是网络。

和创作者保持密切联络，知道他们在看什么、想什么、开发什么项目，若没有这些信息，自然无法做决策。爱奇艺有很多工作室，工作室旗下有很多制片人，我们和行业伙伴之间关系紧密、沟通紧密，所以信息非常通畅。

其次，在获得这些信息的基础上，如何进行科学决策也有规律。规律在于，在漫长的开发周期内增加决策的轮次。比如，从小说转变为剧本大纲，其质量以及最终剧本的成色等阶段性成果都能成为辅助决策的工具。

最后，还在于人才，包括内容评估团队、各种中台评估团队是否专业。这些人才需要培训，一年看 5 个项目和一年看 50 个项目，水平孰高孰低非常清晰。

高质量的网络、高质量的制度、高质量的人才，在高质量的投入上去持续训练，这个过程导向了高成功率，而并不是一个灵光乍现的过程。

雪豹财经社：项目的决策有很多轮次，最后拍板的人是谁？

陈潇：首先，所有人都会参与提案会并进行投票评估。统计好票型和意见后，还会再开一个决议会，让一个更小范围的决策组进行决策。评估的票型是一个参考依据，但不是绝对的。低票的项目也可能通过，高票的项目也有最终被否决的。高票项目代表着大家认为长板比短板多，但有一些短板我们认为是致命的，有的项目可能有缺点，但这些缺点不是致命的。

雪豹财经社：会有爆款焦虑吗？如果密集地出现这么多爆款，突然有一段时间平静下来，心态上会不会有变化？

陈潇：不会。如果我们只出过一两个（爆款）可能会有，多了以后就还好。

雪豹财经社：《狂飙》的成功对未来爱奇艺的项目选择、制作会不会带来影响？

陈潇：《狂飙》的项目规划已经是几年前的事了。生产是前置的，我们制造的是生产线，这些生产线上可能会产生很多单个产品。从工业角度来看，《狂飙》对于今天的爱奇艺启发有限，我们不会去迭代，但是从创作、表达、表演等艺术方面，对接下来的创作来说还是有很多可以借鉴的东西。

创作者不应成为孤岛

雪豹财经社：《平原上的摩西》是2022年爱奇艺非常大胆的一个尝试，在这些案例中，爱奇艺创新的边界是什么？

陈潇：这个边界来自创作者，而不是平台本身。爱奇艺收集的是创作者的创作愿望，再进行自己的筛选和排布。内容的原发性一定来源于创作者本身，他们的声音和表达值得被尊重，我们也会给予机会。

我们设计了一个货架，主流的内容塞满了，我们会留出一些空间给创新题材。这些地方填什么，主要看创作者想表达什么。《平原上的摩西》也是创作者想表达的，我们尊重这些表达，在这个类型的项目上不会要求它达到像《狂飙》一样的市场表现水平。

当我们在一个类型的内容上有足够多的投入，项目开发数量和金额足够大，就有包容力去做一些分支。所谓的小众，其绝对数量也不低，这部分人的审美需求也需要被尊重。工作室团队正在筹备一个新的项目——《我的阿勒泰》，会做一些民族原生态的影像故事，非常散文体。

雪豹财经社：爱奇艺怎么团结这些创作者？

陈潇：网络很重要，人和人的连接非常重要，我们希望能够触达最多的艺术家和生产单元。一个孤岛的价值在这个时代是非常有限的。把大家连接起来，产生神经网络一样的作用，创作者在网络的节点上，才能刺激他获得信息和输出信息。

这个连接并不是聊天，而是社会的生产关系，把内容生产好了，大家相互影响、相互交融。在这个网络中，能够让我们跟社会上的先进思想、艺术家保持共创。对于创作者来说，在生产的过程中能够和大家交流，得到一线的反馈，他们的水平也能提高。他们水平提高了，我们当然能做更好的作品。这种生产关系是最重要的。

对话漫友赖春晖：AI 来了，漫画家还有未来吗？

作者 | 青城

就像网文作者自称“写手”一样，动漫行业也有很多人称呼自己为“画手”，他们只负责漫画的线稿、上色、排版等工作。2022 年，一家漫画媒体根据招聘网站的信息统计了漫画画手的薪酬情况：平均工资为 5600 元左右。

AI 来了，这个绝对称不上稳定和丰厚的饭碗，也开始变得岌岌可危。

在漫画行业干了 20 年的广州漫友文化科技发展有限公司（简称“漫友”）CEO 赖春晖发现，他认识的一些游戏公司老板已经开始裁掉部分原画师，用 AI 取代。几年前，游戏产业还在用令人难以拒绝的高薪挖动漫行业的墙脚，但如今，画手们原本就不好过的日子肉眼可见地变得更艰难了。

这很残酷，但 AI 的性价比确实比人力更高。

“创作这条路太难、太苦、太累，能冒头的只是凤毛麟角，大多数人基本养活不了自己。”赖春晖告诉雪豹财经社，中国原创漫画发展了 20 年，如何养活自己，始终是创作者面临的首要难题。

他目睹过《漫友》的前辈们四处搜罗原创作者时的情形：找了一个又一个地下室，很多人在小小的房间里创作，地上是吃剩的垃圾，房间潮湿，弥漫着方便面的味道。有一位在北京生活的漫画家，因为吃不饱肚子，尽量不去运动，这样才能有多一点体力画漫画。

他也见证过金字塔尖的漫画家在成名前的挣扎。“半小时漫画”系列的作者陈磊和《镖人》作者许先哲，都是坐了多年冷板凳，靠其他工作谋生，才能养活漫画这个“副业”。

2022 年，B 站上线一部名为《漫画一生》的纪录片，描述了不少漫画家的困境。一位女漫画家的工作照被当作视频推广封面：她坐在一间没有任何装修的水泥屋里，头顶上方挂着凌乱的电线，正对着电脑创作。

视频下有人评论：我以为《漫友》和《知音》是中国漫画的开始，没想到居然是巅峰。

创办于 1997 年的动漫杂志《漫友》，曾是一代人的青春记忆。这本杂志背后的公司——漫友，则被誉为中国动漫界的“黄埔军校”和“造星工厂”，发掘了上千位漫画家。

从小就是动漫发烧友的赖春晖于 2004 年加入漫友。此后近 20 年，他见证了一批批本土漫画家的崛起，也目送很多曾经满怀热情和理想的创作者黯然离场、转行。

赖春晖加入漫友时，国内原创漫画刚刚起步，漫画杂志的稿费是创作者为数不多的收入来源。几十页的杂志，一页稿费 200～400 元不等。作为当时国内发行量最大的漫画杂志，《漫友》的上刊竞争尤其激烈，全国各地的投稿像雪片一样飞来。

能在杂志刊登，意味着有稿费入账。一旦读者群体反响好，连载作品还可以出书，获得版税。即使赚不了太多钱，也基本能养活自己和团队。

但全国有那么多喜欢画漫画、想成为漫画家的人，作品能在杂志上刊甚至结集成册的只是很小一部分，更多人无法靠画漫画实现温饱。

2014 年前后，热钱的涌入，让部分漫画作者短暂地体验了一把“赚快钱”的滋味。当时，为了争夺漫画作者和 IP 资源，互联网平台开出了 1000～2000 元一页的天价稿酬。长期挣扎在温饱线上的漫画创作者，几乎没有人能抵御这样的诱惑。

但热钱带来的美梦很短暂。

由于 IP 衍生开发困难，看不到变现希望，资本很快退场。泡沫破裂后，平台停止补贴，天价稿费不再，订阅分成成为更主流的商业模式。然而，在网络连载漫画，能获得订阅收入的仍然只有行业头部作者，大量处于金字塔底的创作者依旧是“为爱发电”。

如今，AI 的逐渐渗透，让画手们面临更严峻的职业危机。

但在赖春晖看来，这未必是个坏消息，因为“人的创意是机器永远取代不了的”，有创意的人总能跑出来。比如从未受过正统美术训练的许先哲以 26 岁“高龄”转行，凭借《镖人》一鸣惊人。AI 可以完成大量基础性的工作，对于真正能够自主创作的漫画作者来说，掌握这门工具意味着更大的创作自由。

从漫画编辑到漫友 CEO，见证了中国漫画发展 20 年的赖春晖，向雪豹财经社分享了他对这个行业的理解和感悟。

以下是雪豹财经社与赖春晖的对话节选（经编辑整理）。

雪豹财经社：现在行业里能够通过漫画养活自己的人还是很少吗？

赖春晖：我觉得是比较少的，把画漫画作为一个职业的话，很不现实。如果我是家长，我也不愿意让我的小孩去学画漫画，它作为一个爱好没问题，但作为一个职业的话，真的是挺难的。

雪豹财经社：除了头部的一些漫画家外，腰部作者有哪些收入来源？

赖春晖：主要是代加工。比如有的出版社直接找到普通工作室或画手接单，大家商量好一本书多少钱，代加工一方没有版税和署名权，只有稿费，还是比较低的稿费。

雪豹财经社：漫画平台之间抢作者的情况严重吗？

赖春晖：像许先哲、陈磊、夏达这样的知名漫画家，基本是一个萝卜一个坑，他们的很多版权都被不同的平台瓜分完了。但一些新涌现的作者，各个平台还是会抢的，只是这几年冒出来的新作者不是很多。

雪豹财经社：作家、编剧能不能培养是一个老生常谈的问题，你认为漫画家能够培养吗？

赖春晖：创造性的行业很依赖天赋和个人特质，一个漫画家能够跑出来还是要靠天时、地利、人和。能培养的是工匠，是那些可习得的技能，但 AI 出现以后，这样的人在未来是不值钱的。

雪豹财经社：现在国内科班出身的漫画家多吗？

赖春晖：大部分不是所谓的科班，因为科班出身的人都去从事更赚钱的行当了，比如游戏、广告设计、商业设计。我能赚更多的钱，为什么要画漫画呢？

雪豹财经社：2014 年左右，很多热钱涌入二次元产业，当时为什么会有这么多投资机构盯上这块蛋糕？

赖春晖：二次元是面向年轻人的，而且二次元的用户从小到大会一直消费一些漫画 IP。当时很多人认为这个产业很有成长空间，这些 IP 也非常有价值。很多人和公司会拿日本和美国的漫画公司举例，立志要做中国漫威或吉卜力。现在回过头想想，真的有些不现实。

雪豹财经社：为什么不现实？

赖春晖：美国和日本漫画萌芽和发展的时候，娱乐形式不像今天这么丰富，他们用漫长的时间培育一批批读者和漫画家。今天年轻人接受资讯的渠道已发生了根本性的变化，娱乐渠道太多了，如短视频、游戏、电视剧……有很多内容分散他们的注意力和时间。市场环境和消费生态都发生了很大的变化，国内出现像《海贼王》《龙珠》和漫威宇宙这样量级的国民级漫画非常之难，出现漫威、吉卜力这样汇聚世界级 IP 的公司也很难。

雪豹财经社：日本、美国等动漫大国有受到这些新娱乐形式的冲击吗？

赖春晖：当然也有。我十几年前去日本旅游，在地铁上、街上经常看到有人拿着厚厚的一本漫画，津津有味地阅读。但疫情前再去日本，我发现在公众场合阅读漫画的都是中年人和老年人，年轻人通常在看手机。在发达国家和地区，漫画读者的老龄化是一个非常明显的趋势。

香港地区的情况也是如此。黄玉郎巅峰时期的一本漫画可以卖个几十万册，但现在香港漫画能销售几千册已经十分了不得，被称为“千王之王”。

雪豹财经社：为什么国产漫画在纸媒时代能够盈利，网络渠道反倒不行？

赖春晖：两者的投入悬殊。网络漫画的玩法是打造 IP，他们一开始通过很高的稿费挖了很多作者，仅靠订阅和出版收入无法收回成本，必须做更高溢价的内容，比如拍电影、做游戏。但漫画领域相对小众，能够成为 IP 的作品凤毛麟角。

雪豹财经社：你身边有朋友在那次资本泡沫中栽跟头吗？

赖春晖：当然有啊。当时网络平台开出的片酬，对很多漫画作者来说都是很难抵御的诱惑，很多人都跑去了网络平台。但网络平台对更新速度要求非常高，会要求作者周周连载，竞争最激烈的时候甚至要求日更。

但日更是很不现实的，一定程度上是拿质量换速度。读者不是好糊弄的，如果都是粗制滥造的内容，有一天必然会离你而去。这样的竞争最终会损害原创者自己的口碑和作品的生命力。

当补贴取消后，平台跟作者大多采取订阅分成的合作方式。这样一来，漫画作者之间的竞争更激烈了，不只要比拼速度，还要拼质量。质量如果跟不上，用户不买单，创作者就没有收入，工作室维持不下去，最终只能转行去干别的。

而且很多人尝到了资本的甜头，过惯了“天价稿费”的舒服日子，再回到艰苦的创作中并不容易。

雪豹财经社：有在这一轮竞争中守住本心、坚持下来的作者吗?

赖春晖：有，像“半小时漫画”系列的作者陈磊。他以前还给《漫友》投过稿，但最终冒头是吃到了微信公众号的红利。2013年，他开了一个叫“混子曰”的微信公众号（该账号现更名为“混知”），用漫画形式将自己理解的历史表现出来。通过微信公众号积累了一部分粉丝后，陈磊将创作的“半小时漫画”系列结集成书出版，在历史科普领域一炮打响。

成名之前，陈磊是一名汽车设计师，很少出门，业余时间就躲在家里不停地画画、创作。如果不是他这么多年的积累和沉淀，可能就算等到风口也还是抓不住机遇。

雪豹财经社：国内动画和漫画完全是两个圈子，而且还很封闭，你认为两个圈子不相通的原因是什么？

赖春晖：没有共同的利益能够把他们扯到一起去。一方面，国内漫画作品能够动画化的机会非常少。如果动画化，动画公司一般会自己写脚本，很少找漫画行业的人代劳。另一方面，漫画作者即使有好的机遇让自己的作品变成动画，授权后也很少再去管它，对作品的后续开发不了解。

也有作者不当甩手掌柜，比如夏达、许先哲等。他们的作品知名度高、粉丝多，话语权大，对作品后续开发要求也非常高，在这种情况下，动画团队和漫画团队的联系自然而然就多起来了。

雪豹财经社：对依旧热爱漫画的人有什么建议？如何在这个行业生存下来？

赖春晖：学会顺势而为，看整个市场的趋势，需要什么内容就去做什么内容，不能太理想化。